Maria 2011

W0312868

Maria 2011

Gebete
Meditationen
Impulse
zu den Hochfesten, Marienfeiertagen
und zum Rosenkranz

benno

Bibliografische Information der Deutschen Nationalbibliothek
Die Deutsche Nationalbibliothek verzeichnet diese Publikation in der Deutschen Nationalbibliografie; detaillierte bibliografische Daten sind im Internet über http://dnb.d-nb.de abrufbar.

Besuchen Sie uns im Internet:
www.st-benno.de

ISBN 978-3-7462-2735-1

© St. Benno-Verlag GmbH
Stammerstr. 11, 04159 Leipzig
Zusammengestellt von Elisa Eichberg, Leipzig
Umschlaggestaltung: Ulrike Vetter, Leipzig
Umschlagmotiv: © The Bridgeman Art Library, Berlin
Gesamtherstellung: Kontext, Lemsel (A)

Inhalt

Maria 2011

„Sagt an, wer ist doch diese“ – so heißt es in einem berühmten Marienlied. Wer ist Maria?
Es gibt unzählige Mariendarstellungen. Jede von ihnen zeigt uns ein anderes Gesicht der Mutter Jesu. Wie stellen Sie sich Maria vor? Ist sie blond, dunkelhaarig? Lächelt sie? Hält sie das Jesuskind auf dem Arm oder mögen sie lieber das Bild der Schutzmantelmadonna, die viele Menschen umhüllt? Wie es Papst Benedikt, seiner Zeit als Kardinal, in einem Interview äußerte, dass es so viele Wege zu Gott gäbe, wie viele Menschen es gibt, so gilt es auch für den Zugang zu Maria. Jeder Zugang ist ganz individuell geprägt, zum Beispiel davon, wie mein Gottesbild ist oder in welcher Tradition ich aufgewachsen bin. Wer schon einmal eines der großen Marienheiligtümer Europas wie Fatima, Altötting, Tschenstochau oder Lourdes besucht hat, wird vor Ort eine spezielle Form der Verehrung kennen gelernt haben, die ihn mit Sicherheit nicht unberührt ließ: Viele Menschen kommen an diese Orte, erhoffen sich Heilung an Leib und Seele, sie kommen auch um Maria für ihren Beistand zu danken und ihr ein Stück näher zu sein.

In der Heiligen Schrift finden sich nur wenige Worte Marias. Meist spricht sie mit den Worten des Alten Testaments, etwa im Lobgesang, dem Magnifikat. Sie scheint ganz bekleidet mit dem Wort Gottes. Es durchdringt sie förmlich. Das leibhaftige Wort Gottes, Jesus Christus, kommt aus ihr, sie bringt es hervor. Darin finden wir ein Lebensmodell aller Christen: Jesus hervorbringen, im übertragenen Sinne „auf die Welt bringen" und ihn schließlich der Welt schenken. Jesus ist das Kostbarste, das sie geben konnte – und verlieren musste. An den großen Marienfeiertagen betrachtet die Kirche die einzelnen Stationen aus dem Leben Marias, die auch immer Stationen auf dem Lebensweg Jesu sind.

Dieses Büchlein möchte Sie mit Maria durch das Kirchenjahr begleiten. Zu allen wichtigen Hochfesten und Marienfeiertagen finden Sie Impulse und Gebete von namhaften Autoren sowie kirchlichen Persönlichkeiten, die der Mutter Gottes besonders verbunden sind. Die ausgewählten Texte mögen Sie für Ihren Glaubensalltag stärken und inspirieren!

Hochfest der Gottesmutter Maria
1. Januar 2011

Hymnus

Du thronst in des Himmels Höhen
von heil'gen Engeln froh umringt,
von denen jeder Dir zum Preise
voll Jubel Lobeslieder singt!

An die Gnadenvolle Gottesmutter in Lengebach, 1700

Gebet

Guter Gott,
du hast der Welt deinen Sohn geschenkt,
geboren aus der Jungfrau Maria.
Sie hast du erwählt,
den Urheber allen Lebens, Jesus Christus,
in diese Welt zu tragen.
Auf ihre Fürbitte und
ihren Schutz vertrauen wir.
Sie begleite uns auch in diesem neuen Jahr,
und führe uns zu dir, unserem Herrn und Gott,
der lebt und herrscht
von Ewigkeit zu Ewigkeit.

Schriftlesung: Lk 2,16-21

Impuls

Nach göttlichem Ratschluss sollte das Wort Fleisch werden, ein Wort, das WORT schlechthin auf Erden geschrieben werden. Und dieses Wort bedurfte eines Untergrundes. Die Harmonien des Himmels, einzigartig und unvergleichlich, verlangten voll Sehnsucht danach, aus Liebe zu uns unter unseren Dächern zu erklingen. Und dazu brauchten sie einen Raum des Schweigens.
Der Hauptakteur der Menschheit, der den Jahrtausenden vor ihm Sinn verlieh und den Jahrtausenden danach Licht und Weg sein sollte, sollte auf der Bühne der Welt erscheinen. Aber er brauchte einen makellos weißen Hintergrund, der ihn ganz zur Geltung kommen ließ.
Das großartigste Bild, das sich Gott in seiner Liebe ausmalen konnte, sollte sich in göttlicher Herrlichkeit abzeichnen. Und es brauchte ein Herz, in dem alle Farben der Tugenden fein abgestimmt bereit lagen für den göttlichen Künstler. Dieser wunderbare Schatten, der die Sonne umfängt und hinter sie zurücktritt und sich in ihr wiederfindet; dieser sich im Unendlichen verlierende Hintergrund, der das Wort, Christus, aufnimmt und in ihm aufgeht wie Licht im LICHT;

dieses völlige Schweigen, das nicht mehr still ist, weil in ihm die göttlichen Harmonien des Wortes erklingen, und so zum Grundton wird im ewigen Gesang des Paradieses; diese herrliche Kulisse, die, majestätisch wie die Natur, alle vom Schöpfer in das Universum eingegossene Schönheit in sich vereinigt und dem menschgewordenen Sohn Gottes zum Kosmos wird und doch unbemerkt bleibt, weil sie ganz zurücktritt und den ins Bild rückt, der kommen sollte und gekommen ist, der wirken sollte und gewirkt hat; diese Farbenpalette an Tugenden, dem Regenbogen gleich, der alle Welt den Frieden kündet, weil der FRIEDE in die Welt gekommen ist; dieses Geschöpf, das in den Abgründen der Dreifaltigkeit ersonnen und uns geschenkt ward: Dieses Geschöpf ist Maria. (...)
Wie schön ist Maria! Nie wird man genug über sie sagen können.

Chiara Lubich

Gebet

Geleit' uns treulich durch das Leben,
verlass uns nicht im bittren Tod,
bis wir am Throne Gottes stehen,
befreit von aller Erdennot.

An die Gnadenvolle Gottesmutter in Lengebach, 1700

ERSCHEINUNG DES HERRN
6. JANUAR 2011

Hymnus

Meerstern, sei gegrüßet,
Gottes hohe Mutter,
allzeit reine Jungfrau,
selig Tor zum Himmel!

Aus dem 9. Jahrhundert

Gebet

Allmächtiger Gott,
einst führte der Stern die Weisen
zu deinem Sohn.
Wir bitten dich:
Führe uns auch heute mit dem Licht
deiner Liebe zu Jesus Christus.
So wie du einst den Völkern
deinen Sohn offenbarst hast,
so zeige ihn auch uns in dieser Zeit.

Schriftlesung: Mt 2,1-12

Impuls

Das Hochfest von der „Erscheinung des Herrn“, das die Anbetung der Könige aus dem Morgenlande liturgisch feiert, empfinden wir heute fast wie ein Anhängsel an das Weihnachtsfest, doch ist es nicht nur älter, es war früher auch das eigentliche Weihnachtsfest. Pate stand eine orientalische Sitte: Ein neuer Landesherr zog feierlich in sein Gebiet ein, um davon Besitz zu ergreifen. Die Menschen huldigten ihm, große Gelage wurden gefeiert, Freudenfeuer entzündet, königliche Privilegien verliehen und Gunsterweise erteilt. Ein solches weltliches Fest hat die Kirche schon früh ins Liturgische übersetzt, um die Ankunft des Erlösers zu feiern: „Seht, gekommen ist der Herrscher, der Herr. In seiner Hand ist die Macht und das Reich.“
Die „Huldigung“ des Gottessohnes wurde wie von selbst zu einer Huldigung der Mutter, und die Gaben, die die „Heiligen Drei Könige“ mitbrachten, hat Maria entgegengenommen. Es gehört nicht viel Phantasie dazu, dieses schlichte, echt menschliche Geschehen ein wenig auszumalen, um Anregungen für eine Meditation zu erhalten. Von dem großen Prediger des Altertums, vom heiligen Johannes Chrysostomus, ist uns eine Predigt überliefert, die diese Szene schildert: „Die

Weisen traten ins Haus und sahen den Knaben mit Maria, seiner Mutter. Sie fielen nieder und beteten ihn an, taten ihre Schätze auf und brachten ihm Gaben dar: Gold, Weihrauch und Myrrhe. Doch was mag sie wohl veranlasst haben, den Knaben anzubeten? Die Jungfrau hatte doch nichts Besonderes an sich, und das Haus war keinesfalls prächtig. Auch sonst gab es dort nichts, was sie hätte mit Staunen erfüllen oder zur Anbetung einladen können."

Noch deutlicher wird der heilige Prediger: „Was unter die Sinneswahrnehmung fällt, war von keiner Bedeutung: Krippe, Hütte, eine arme Mutter!" Um so erstaunlicher erscheint dem Johannes Chrysostomus der Glaube der Magier, die einzig und allein gekommen waren, „Gott als Wohltäter" anzubeten.

Vielleicht sollten wir aber auch, wenn wir das Bild der Gottesmutter im Zusammenhang mit der Huldigung des göttlichen Kindes durch die „Heiligen Drei Könige" betrachten, einen Blick auf den Stern werfen, der in diesem Geschehen eine so große Rolle spielt. Sterne haben zu allen Zeiten die Aufmerksamkeit der Menschen erregt. Die Heilige Schrift bewundert im gestirnten Firmament die Herrlichkeit und Größe Gottes. In der Weissagung des Balaam wird der erwartete Messias als Stern bezeichnet: „Ein Stern geht in Jakob auf“ (Num 24,17). Am Schluss der Geheimen Offenbarung nennt sich Christus selbst „den strahlenden Morgenstern“ (Offb 22,16). Die Kirche hat dieses Bild auf Maria übertragen. Sie ist nicht nur in der Lauretanischen Litanei zum „lichten Morgenstern“ geworden, zum „Meeresstern“, der uns im Strom des Lebens, auch in seinen Stürmen und Wogen, voranleuchtet. Viele Christen haben in stürmischer, dunkler Nacht Maria als Stern der Hoffnung erfahren.

Franz Josef Wothe

Gebet

So hilf uns, du Mutter,
verlasse uns nicht:
und führ' uns zur Freude
im himmlischen Licht!

Batzhausener Wallfahrtslied, 1744

MARIÄ LICHTMESS / DARSTELLUNG DES HERRN 2. FEBRUAR 2011

Hymnus

Ave Maria klare,
du lichter Morgenstern!
Du bist ein Freud fürwahre
des Himmels und der Erd.

Olmütz um 1500

Gebet

Guter Gott,
dein Sohn kam in unsere Welt,
ist Mensch geworden.
Am heutigen Tag wurde Jesus
im Tempel dargestellt: Simeon und Hanna
haben ihn als den Retter der Welt erkannt.
Schenk auch uns Augen,
die dein Antlitz sehen und
das Heil darin entdecken.

Schriftlesung: Lk 2,22-40

Impuls

Das Fest der Darstellung des Herrn, das wir heute feiern, ist vom Volke Gottes in den Namen „Mariä Lichtmess“ umformuliert worden. Denn dieses Volk Gottes ist auch unterwegs, wie Jesus, Maria und Josef, vom Morgenland seiner Jugend – wie der kleine Jesusknabe auf den Armen seiner Mutter – hin zum Abendland seines Alters – wie der greise Simeon und die alte Prophetin Hanna im Tempel. Da sucht man nach einem sicheren Weggeleit, und findet hier und heute Maria. Sie ist deshalb das sichere Lebensgeleit, weil sie immer Christus bei sich trägt. Als sie in der Kammer von Nazaret vom Heiligen Geist erfüllt wurde, brach sie sofort auf, ging eilenden Schrittes über die Berge von Judäa zu ihrer Base Elisabet, um ihr in ihrer schweren Stunde beizustehen, und dabei trug sie Jesus unter ihrem Herzen. Und als sie dann auf Befehl des Kaisers Augustus mit Josef von Nazaret aufbrach, um nach Betlehem zu gehen, trug sie wieder Jesus unter ihrem Herzen, und dann – wie wir heute sehen – ist sie wieder unterwegs von Nazaret nach Jerusalem, um Jesus im Tempel darzustellen. Sie trug ihn diesmal auf ihren Armen und händigte ihn dem greisen Simeon und der Prophetin Hanna aus. Wir tun gut daran, Maria zu unserer Wegbegleiterin zu machen, weil sie uns

gleichsam Christus als Wegzehrung darreicht und als Wegweisung vorzeigt.
Maria und Josef tragen Jesus in den Tempel von Jerusalem. Der Herr kommt in sein Haus. Gott kommt in seine königliche Stadt Jerusalem. Nur die Vertreter der großen prophetischen Tradition des Volkes Gottes bemerken das, indem Simeon und Hanna auf Antrieb des Heiligen Geistes in den Tempel kommen und den Herrn mit offenen Armen empfangen. Und Simeon bekennt ihn im Tempel als das „Licht, das die Heiden erleuchtet" (Lk 2,32). Hier trifft das Wort des Johannesevangeliums nicht zu: „Er kam in sein Eigentum, aber die Seinen nahmen ihn nicht auf" (Joh 1,11). Hier wird der Herr aufgenommen. Diese Szene im Tempel lässt unsere Herzen höher schlagen. Das alttestamentliche Gottesvolk hat seinen Messias erkannt. Es nimmt ihn in diesen beiden prophetischen Gestalten in seine Hände und spricht durch sie sein Bekenntnis: „Ein Licht, das die Heiden erleuchtet und Herrlichkeit für sein Volk Israel." Es ist hier, als ob lückenlos der König Israels an sein Volk angekoppelt wird. Die Erwartungen Israels haben sich im Messias Jesus Christus erfüllt. O selige Stunde messianischer Erfüllung, die die jahrhundertelange messianische Erwartung Israels verwirklicht hat! Und doch wissen wir, dass es dann ganz anders kommt. Simeon scheint es schon prophetisch zu ahnen, indem er

sagt: „Dieser ist dazu bestimmt, dass viele durch ihn zu Fall kommen und viele aufgerichtet werden“ (Lk 2,34). Wir wissen, dass einmal der Bruch kommt, dass er aus dem Tempel vertrieben und ans Kreuz geschlagen wird.

Joachim Kardinal Meisner, Köln

Gebet

Mutter unseres Herrn,
du bist die ganz Strahlende, die Leuchtende,
denn das wahre Licht ist aus dir geboren.
Leuchte uns auf unserem Weg,
bewahre uns vor Unheil und Sünde.
Amen

VERKÜNDIGUNG DES HERRN 25. MÄRZ 2011

Hymnus

O Maria, sei gegrüßt,
die du voller Gnade bist;
sei gegrüßt, du höchste Zier:
Gott der Herr ist selbst mit dir.

nach Philipp von Schönborn 1656

Gebet

Herr und Gott,
Maria erfährt das Unbegreifliche:
Sie wird deinen Sohn gebären.
Er ist ganz Mensch und ganz Gott.
Gib, dass wir nicht an unserer Menschlichkeit festhalten,
sondern Anteil erhalten an deinem göttlichen Leben.
Darum bitten wir dich,
durch Jesus Christus unseren Herrn.

Schriftlesung: Lk 1,26-38

Impuls

Der Gruß des Engels an Maria scheint zunächst etwas ganz Alltägliches zu sein. Es ist zugleich in der Form, in der er geschieht, etwas ganz Erstaunliches: In diesem Nahen Gottes zu einem Menschen ist alle Majestät, alle Göttlichkeit, alles Numinose abgelegt; die Tür geht auf. Es tritt einer herein mit einem Gruß und hat etwas zu sagen. Aber es ist doch ein eigenes Wort. Ein Engel bringt ihn Maria. Er bedeutet, dass es nicht einfach ein irdischer Gruß ist, sondern dass Gott selbst Maria etwas mitteilen möchte. Aber es ist wirklich ein Gruß in unsere konkrete Welt hinein. Wenn Gott zum Menschen kommt, gibt es öfter einen solchen Gruß. Aber selbstverständlich ist er keineswegs. Wir erwarten Gott ja oft im Donner und mit Macht. Nicht immer wird das Überbringen einer Gottesbotschaft durch einen Gruß eingeleitet. Es ist eine besondere, auch ganz auf eine bestimmte Person hinweisende Form des Grußes, von der Lukas uns erzählt. Der Gruß wird zum Ort der Begegnung zwischen Gott und Mensch. Vielleicht erreicht uns, wenn wir darauf hören, etwas von dem Staunen und dem Erschrecken der Maria: Was für ein Gruß ist das! Maria erschrickt wirklich über das, was der Engel sagt: »Sei gegrüßt, du Begnadete, der Herr ist mit dir.«

(1,28) Dies ist ja eigentlich die Botschaft der ganzen Heilsgeschichte: Der Herr ist mit dir. Er ist beim Menschen und geht
mit ihm auf allen Wegen. Dies ist sein Name: Ich bin der, der immer bei dir ist.

Karl Kardinal Lehmann

Gebet

Maria hilf,
in deinem Sinn lehr alles mich vollbringen;
hilf, dass die Magd des Herrn ich bin
wie du in allen Dingen.

Aus Neumarkt

PASSION/MARIA SCHMERZENSMUTTER 22./23. APRIL 2011

Hymnus

Christi Mutter stand mit Schmerzen
bei dem Kreuz und weint' von Herzen,
als ihr lieber Sohn da hing.
Durch die Seele voller Trauer,
schneidend unter Todesschauer
jetzt das Schwert des Leidens ging.

Übertragung nach Heinrich Bone 1847

Gebet

Großer und starker Gott,
am Kreuz erstrahlt kein König,
sondern eine gewaltlose Ohnmacht.
Mit dem Leiden und Tod deines Sohnes,
hast du die Menschheit erlöst und erneuert.
Hilf uns täglich diese neuen Menschen zu sein,
die andere nicht ans Kreuz schlagen,
an dem dein Sohn für unsere Sünden bezahlt hat.
Darum bitten wir durch Jesus Christus, unseren Herrn.

Schriftlesung am Karfreitag: Joh 18,1-19,42

Impuls

Vor einigen Jahren wurde ein Pressefoto preisgekrönt. Es zeigte eine Mutter in Vietnam, die, ihr Kind auf den Armen, in panischer Angst vor den Bomben flieht. Das Kind im Arm der Mutter ist nackt. Mutter und Kind können im wahrsten Sinn des Wortes nur das nackte Leben retten.
Bilder wie dieses machen schlagartig bewusst, dass Mütter und Kinder von Hass und Krieg in der Welt am stärksten betroffen sind.
Das Mitleid mit den Müttern in aller Welt fließt in unserem Glauben zusammen mit dem Bild der Gottesmutter unter dem Kreuz, aber auch mit der Darstellung der Pieta, der Mutter, die ihren Toten Sohn auf den Armen hält. Maria hat in einer außerordentlichen Weise die Berufung durch Gott erfahren. Sie ist „gebenedeit unter allen Frauen“. Aber sie ist auch in einer alles übersteigenden Weise am Leiden und Sterben ihres Sohnes beteiligt gewesen. Es mag sein, dass andere Mütter körperlich mehr gelitten haben als Maria. Aber der Mensch, um den sie leidet, übertrifft alle Menschen an Lauterkeit, Heiligkeit und Gottverbundenheit. Darum ist das Böse, das ihm angetan wird, ein Mehrfaches von dem, was wir erlei-

den. Schon der rechte Schächer neben Jesus am Kreuz erkannte: „Uns geschieht recht. Wir erhalten den Lohn für unsere Taten. Dieser aber hat nichts Unrechtes getan.“
So kommt es, dass in der Volksfrömmigkeit nicht nur Jesus, sondern auch seiner Mutter Mitleid entgegengebracht wird. Dieses Mitleid aber ist kein nutzloses Jammern, sondern führt den Christen dazu, sich in das Leiden Christi zu versenken. Das Mitleid, das wir Maria entgegenbringen, wird zugleich zur Fähigkeit, mit anderen leiden zu können. Es ist Ansporn, sich für die Leidenden zu engagieren.
Maria unter dem Kreuz, scheinbar an den Rand des Geschehens gerückt, wird dennoch zum Mittelpunkt. Der Evangelist Johannes schildert die Szene. Der gekreuzigte Jesus neigt sich hinab zu seinem Lieblingsjünger und sagt: „Siehe da, deine Mutter.“ Und er neigt sich zu seiner Mutter und sagt: „Siehe da, dein Sohn!“ In diesem Augenblick rückt der leibliche Sohn am Kreuz noch weiter von seiner leiblichen Mutter weg. Ein Vorgang verdichtet sich, der bei der Hochzeit von Kana seinen Anfang nahm. Damals sagte Jesus zu seiner Mutter, die auf die Schwierigkeiten des Brautpaares aufmerksam macht: „Frau, meine Stunde ist noch nicht gekommen.“ Später, bei einer Predigt Jesu, als man ihm sagt: „Deine Mut-

ter und deine Verwandten stehen draußen“, wiederholt sich dieser Vorgang: „Wer sind meine Mutter, meine Brüder und meine Verwandten? Wer den Willen meines Vaters tut, der ist mir Mutter, Bruder und Verwandter.“

Und jetzt unter dem Kreuz: der Höhepunkt dieses rätselhaften Verhaltens! „Sieh da, deine Mutter!“ – „Sieh da, dein Sohn!“

Scheinbar entfernt sich Jesus ganz von seiner Mutter. Aber nur scheinbar. Ist nicht Maria, die unter dem Kreuz ausharrt, während die engsten Freunde Jesu geflohen sind, ihrem Sohne jetzt besonders nahe? Gehört sie nicht zu denen, die Jesus seine eigentlichen Verwandten nennt, weil sie den Willen Gottes tun? Maria, die ihren Sohn hergibt in das Leiden und in den Tod, wird ihm in einer neuen Verwandtschaft verbunden. Die Frau von Nazaret wird zum Urbild der Kirche. Nicht nur Johannes wird ihr anvertraut, sondern mit Johannes die kommenden Jüngerinnen und Jünger Christi. Maria lehrt uns das Mitleid. Aber mehr noch lehrt sie uns die Nachfolge. Maria führt uns zur Quelle der Erlösung. Wie damals in Kana sagt sie jetzt auch unter dem Kreuz: „Was er euch sagt, das tut!“

Gerhard Eberts

Gebet

Jungfrau, Mutter Gottes mein,
lass mich ganz dein Eigen sein.
Dein im Leben, dein im Tod,
dein in Unglück, Angst und Not.
Dein in Kreuz und bittrem Leid,
dein für Zeit und Ewigkeit.

OSTERSONNTAG
AUFERSTEHUNG DES HERRN
24. APRIL 2011

Hymnus

Lobsinge, du Erde,
überstrahlt vom Glanz aus der Höhe!
Licht des großen Königs umleuchtet dich.
Siehe, geschwunden ist allerorten das Dunkel.

Aus dem Exsultet

Gebet

Allmächtiger Gott,
durch deinen Sohn Jesus hast du den Tod besiegt!
Am heutigen Tag ist er auferstanden.
Du willst, dass auch wir
das ewige Leben haben und auferstehen.
Erneuere unsere Herzen
und schenk uns deinen Geist, damit wir
das Fest der Auferstehung unseres Herrn
würdig begehen.
Darum bitten wir durch Jesus Christus.

Schriftlesung: Joh 20,1-18

Impuls

Wir sind eingeladen, die geistliche Osterfreude gemeinsam mit der Gottesmutter Maria zu erleben und daran zu denken, welche Freude für sie die Auferstehung Jesu bedeutet haben muss. Im Gebet des „Regina caeli“, das in der österlichen Zeit anstelle des „Angelus“ gebetet wird, wenden wir uns an die allerseligste Jungfrau und laden sie zur Freude ein, weil der, den sie in ihrem Schoß getragen hat, auferstanden ist: „Quia quem meruisti portare, resurrexit, sicut dixit.“ Maria hat in ihrem Herzen die „frohe Botschaft“ der Auferstehung bewahrt, Quelle und Geheimnis der wahren Freude und des echten Friedens, den der gestorbene und auferstandene Christus für uns durch das Kreuzesopfer erlangt hat. Bitten wir Maria, dass sie weiterhin unsere Schritte lenken möge, damit wir immer mehr in der Kenntnis und der Liebe des Herrn wachsen können und so zu Zeugen und Aposteln seines Friedens werden.

Benedikt XVI.

Gebet

Herr Jesus, durch deinen Tod
haben wir das Leben gewonnen.
Hilf uns, auch in unseren dunklen Stunden
an das Licht der Auferstehung zu glauben,
und wie Maria, treu zu sein
in unserem Ja zu dir.

Marienmonat Mai

Erste Ansätze, im Monat Mai die Gottesmutter Maria durch besondere Andachten zu ehren, finden sich schon im Mittelalter. Ursprünglich waren es Versuche, ältere weltliche Maifeiern, die aus heidnischer Zeit stammten, durch christliche Feiern umzuformen. Die Art von Maiandachten, die sich bis heute in manchen katholischen Gemeinden gestaltet haben, entstanden um die Mitte des 18. Jahrhunderts in Italien und gelangten von dort über Frankreich, Spanien, Belgien und die Schweiz schließlich im 19. Jahrhundert auch nach Österreich und Deutschland.

Maiandachten wurden und werden in Kirchen und Kapellen, aber auch an Bildstöcken in freier Natur gehalten. In manchen katholischen Familien werden sie auch in Hausandachten gefeiert. Der Mai in seiner Blütenpracht ist besonders geeignet, die „Maialtäre“ und Marienbilder mit Blumen und frischem Grün zu schmücken. Überhaupt dient der „Wonne-Monat Mai“ vor allem in unseren Breiten dazu, Maria zu verehren als „schönste der Frauen“, wie sie in einem alten Marienlied besungen wird.

Dirk Grothues

Die Tagesimpulse für den Monat Mai stammen von Sabine Pemsel-Maier, die diese Texte als Dialoge für Maiandachten verfasst hat.

SONNTAG, 1. MAI

Impuls

Maria - ich bin auf der Suche nach dir. Nicht nur ich - wir alle würden dich gerne kennen lernen. Sag uns darum: Wer bist du eigentlich?

Gebet

Maria – du bist die Mutter Jesu
und die Mutter der ganzen Menschheit.
Sei uns nahe mit deinem Wort, deiner Liebe
und deiner Hoffnung.

MONTAG, 2. MAI

Impuls

Ich war ein junges Mädchen aus dem Volk Israel, im heiratsfähigen Alter, verlobt mit Josef. Dass Gott mich auserwählt für eine besondere Aufgabe, nämlich Mutter des Messias zu sein, damit hätte ich zuallerletzt gerechnet. Ich habe es nie verstanden: Warum gerade mich, wo ich doch gar nichts Besonderes bin, nicht klug, nicht vornehm, nicht besonders begabt?

Gebet

Mutter unseres Herrn,
hilf uns den Willen Gottes zu erkennen
und zu befolgen, wie du es getan hast.

DIENSTAG, 3. MAI

Impuls

Darum bin ich erst einmal erschrocken. Ich habe gezweifelt. Wie kann so etwas geschehen? Man muss sich einmal vorstellen, was das bedeutet: Ich, eine unverheiratete junge Frau, erwartete ein Kind.

Gebet

Maria, auch du kanntest Momente des Zweifels,
Momente der Mutlosigkeit.
Steh uns in unseren dunklen Stunden bei!

Mittwoch, 4. Mai

Impuls

Dein Leben war nicht einfach. Unter armseligen Umständen musstest du dein Kind in einem Stall zur Welt bringen, allein und fern von der Heimat. Als ihr es nach acht Tagen in den Tempel brachtet, um es gemäß dem Gesetz des Mose zu weihen, prophezeite dir der weise Simeon, dir werde durch dieses Kind ein Schwert durch die Seele dringen.

Gebet

Wenn wir uns ausgeliefert und bedroht fühlen,
wenden wir uns zu dir, o Maria.
Sprich mit uns gemeinsam das Ja zum Plan,
den Gott für uns hat.
Du hast vertraut – lehre auch uns zu vertrauen.

DONNERSTAG, 5. MAI

Impuls

Du ahntest, dass du große Schmerzen würdest erleiden müssen. Schon bald musstet ihr aus dem Land fliehen, weil Herodes das Kind als Konkurrenten fürchtete und es töten wollte.

Gebet

Jesus, du standest von deiner Geburt an
auf der Todesliste der Machthaber.
Deine Mutter Maria hat sich um dich gesorgt
und dich bis zu deinem letzten Atemzug begleitet.
Hilf uns, dass auch wir bei dir sind, dich suchen,
dich lieben.

Freitag, 6. Mai

Impuls

Das Verhältnis zu meinem Sohn war geprägt von gegenseitiger Liebe, aber auch von so manchen Konflikten. Als wir mit dem damals Zwölfjährigen in Jerusalem den Tempel besuchten, setzte er sich einfach ab, ohne uns Bescheid zu geben, und blieb dort, um mit den Schriftgelehrten zu reden. Was hier geschah, konnte ich einfach nicht verstehen. Und es blieb ja nicht bei diesem Mal.

Gebet

Herr, alles, was wir sind und haben,
kommt aus dir.
An Maria können wir den Plan ablesen,
den du an uns und der ganzen Schöpfung
verwirklichen willst.
Schenk uns das Bewusstsein,
in dieser Gewissheit zu leben und zu glauben.

SAMSTAG, 7. MAI

Impuls

Immer wieder ging Jesus in die Synagoge, auf die Marktplätze, mitten unters Volk, um zu predigen und die Ankunft der Gottesherrschaft zu verkünden. Wir dachten wirklich, er sei von Sinnen, schlicht und einfach verrückt geworden. Als er so inmitten der Volksmenge saß, ließen wir ihn einmal herausrufen. Aber er kam einfach nicht.

Gebet

O Maria, hilf meinem kleinen Glauben!
Schärfe meine Sinne, damit auch ich
das Geheimnis des Glaubens erspüren kann.

Sonntag, 8. Mai

Impuls

Stattdessen fragte er: „Wer ist meine Mutter, und wer sind meine Brüder?“, so als würde er uns nicht kennen. Manchmal schien es mir, als habe er eine neue Familie gefunden, als wären wir gar nicht mehr wichtig. Und dann wieder beklagte er sich, er habe in seiner Heimat und bei seiner Familie kein Ansehen!

Gebet

Herr, auch wenn ich deine Weisungen
nicht immer verstehe,
möchte ich dich lieben und dir folgen.
Ich danke dir, dass du mir auf diesem Weg
Maria zur Seite gestellt hast.

MONTAG, 9. MAI

Impuls

Einmal hattet ihr ja in aller Öffentlichkeit einen richtigen Streit. Du warst wie Jesus und seine Jünger bei einer Hochzeit eingeladen. Da ist der Wein ausgegangen. Du wusstest, dass Jesus helfen konnte. Und was erwiderte er, als du ihn darauf ansprachst: „Frau, was habe ich mit dir zu schaffen?“ Das musst du als echte Zurückweisung empfunden haben, obwohl er dann doch das tat, was du ihm vorgeschlagen hattest. Ja, du hattest es wirklich nicht leicht mit ihm.

Gebet

Manchmal bin ich ein Kind Evas,
manchmal ein Kind Marias.
Herr, in dir darf ich stets
Vergebung und Neubeginn erfahren.

Dienstag, 10. Mai

Impuls

Und doch war und blieb er mein Sohn. Ihr könnt Euch vorstellen, wie ich gelitten habe, als ich merkte, dass man ihm nach dem Leben trachtete, und als ich zusehen musste, wie er gekreuzigt wurde. Das ist wohl das Schlimmste, was einer Mutter passieren kann.

Gebet

Heilige Maria,
du hast nicht dich selbst,
sondern Gott groß sein lassen.
Diese Demut lehre mich!

MITTWOCH, 11. MAI

Impuls

Du bist die Frau, mit der Gott Großes vorhatte, die Auserwählte, die „voller Gnaden“, die als Mutter des Erlösers in der Heilsgeschichte eine besondere Rolle spielen sollte. Ein Engel verkündete dir diesen Auftrag. Und weil für Gott nichts unmöglich ist und weil auch deine Verwandte Elisabet – entgegen allen Erwartungen – ein Kind empfangen hatte, vertrautest und glaubtest du ihm. „Der Herr ist mit dir“ – diese Zusage hattest du, und die hat dich durch dein Leben hindurch getragen, auch und gerade dann, wenn du viele Dinge nicht verstehen konntest.

Gebet

Hilf uns, Maria, mit deinen Augen zu sehen
und Gottes Wirken in der Welt zu erkennen.
Ermahne und ermutige uns,
unseren Blick auf das Wesentliche
im Leben zu richten.

Donnerstag, 12. Mai

Impuls

Aber ich konnte [die Dinge] annehmen im Vertrauen auf Gott. Das gilt sogar für den Tod meines Sohnes am Kreuz, so schmerzlich er auch für mich war. Ich wollte unbedingt dabei, ihm nahe sein. Später fand ich dann meinen Platz in der Gemeinde in Jerusalem.
Ich habe mich immer als Magd des Herrn verstanden, die auf sein Wort hören und ihm dienen soll, als seine Jüngerin. Für meinen Glauben priesen die Menschen mich selig.

Gebet

Maria, zeig uns dein Wesen,
das voll Güte, Demut ist.
Lehre uns, deine Wege zu gehen.

FREITAG, 13. MAI

Impuls

Später verehrten sie mich als die Mutter Gottes, als „unsere liebe Frau“, ja sogar als Königin und Herrscherin, obwohl ich das wirklich niemals sein wollte. Nach wie vor erbitten sie meinen Beistand in allen Situationen der Not, flehen bei mir um Schutz und Hilfe, rufen mich als ihre Fürbitterin an. Denn ich bin Gott und Jesus nahe.

Gebet

Mutter, auf dich hoff und baue ich.
Mutter, zu dir ruf und seufze ich.
Mutter, du gütigste, steh mir bei.
Mutter, du mächtigste, Schutz mir leih.

Samstag, 14. Mai

Impuls

Das alles bist du, Maria? So viel Gegensätzliches und so viel Reichtum kommt in deiner Person zusammen. Es reizt mich wahrhaft, dich kennen zu lernen und dir zu begegnen. Ich will mich auf dich und deine Geschichte einlassen.

Gebet

Herr, schenk uns gebende Hände
und ein gebendes Herz.

SONNTAG, 15. MAI

Impuls

Maria, ich bin gekommen, um dich zu grüßen. Heute bringe ich das fertig. Lange Zeit konnte ich es nicht mit echter Überzeugung. Du warst mir fremd geworden. Ich grüßte dich zögerlich, zurückhaltend, eigentlich nur aus reiner Höflichkeit und Gewohnheit. Ich konnte nichts anfangen mit der demütigen, selbstlosen, aufopferungsvollen Maria, jener Maria, die für meine Großmutter so wichtig war. Ich konnte nichts anfangen mit der „Kinder-Küche-Kirche-Frau", von der mir meine Mutter erzählt hat.

Gebet

O Mutter unseres Herrn, lehre uns zu lieben
in Momenten der Freude,
des Schmerzes und der Ungewissheit.

Montag, 16. Mai

Impuls

Ich war so anders, lebte so anders, dass du mir sehr fremd warst, ja geradezu suspekt. Ich habe mich gefragt: Was war das für eine Frau, die zu allem, was Gott mit ihr vorhatte, Ja und Amen sagte. Hattest du denn keine eigene Meinung? Hattest du nie Zweifel? Wolltest du wirklich nichts anderes sein als Mutter? War für dich wirklich alles so klar?

Gebet

Führe uns zu deinem Sohn, Maria.
Öffne unseren Verstand und unser Herz,
dass wir Christus würdig empfangen können.

DIENSTAG, 17. MAI

Impuls

Auch ich gebe zu, dass ich lange Zeit keinen besonderen Wert darauf legte, so eine Frau, wie sie eben beschrieben wurde, zu kennen und auch noch freundlich zu grüßen.
Irgendwann aber fing ich an, ganz neue, ganz andere Seiten an dir zu entdecken. Ich merkte, dass du auch deine Fragen hattest ... dass du nicht einfach brav und angepasst warst.

Gebet

Maria, Mutter unseres Herrn,
du hast Jesus immer zur Seite gestanden.
Auch wir dürfen deinen Beistand erfahren.
Sei uns Menschen eine Fürsprecherin
bei deinem Sohn,
denn er ist das Ziel unseres Lebens.

Mittwoch, 18. Mai

Impuls

... dass du ganz schön viel Mut gezeigt hast, als du eingewilligt hast in Gottes Plan, die Mutter des Erlösers zu werden – und das so ganz, ohne Josef zu fragen ... dass du in einer Weise geglaubt und Gott vertraut hast, wie ich es gerne tun würde und so oft nicht kann.
Eben darum grüße ich dich heute.

Gebet

Gott, unser Vater,
du hast uns Maria als Vorbild im Glauben
und als Urbild der Kirche gegeben.
Hilf uns, unser Leben stets danach auszurichten.

DONNERSTAG, 19. MAI

Impuls

Und dann zum Beispiel Wörter wie „Gnade“. Auch das ein Wort, das mir lange fremd war. Vielleicht sollte man besser sagen: Dir hat sich Gott ganz zugewendet. Dir hat er seine ganze Liebe und Aufmerksamkeit geschenkt, nicht um dich auf ein Podest zu heben, sondern weil er etwas ganz Besonderes mit dir vorhatte. Solche Zuwendung, solche Liebe bleibt nicht ohne Wirkung. Sie verwandelt einen Menschen, und so hat sie auch dich verwandelt.

Gebet

Herr, mein Gott,
mein Leben soll eine Antwort auf deinen Ruf sein.
Täglich neu möchte ich dir treu sein,
wie Maria es war.

Freitag, 20. Mai

Impuls

Dass du ganz zu Gott ja sagen konntest, dich ihm ganz anvertrauen konntest, obwohl du im Einzelnen gar nicht überschauen konntest, was auf dich zukommt, das war nicht einfach nur deine eigene Leistung und dein Verdienst. Es war nur möglich in der verwandelnden Kraft der Liebe Gottes. Und so vertraue auch ich darauf, dass Gott mich immer wieder neu ergreifen und durch seine Gnade verwandeln kann.

Gebet

In dir, Maria,
verehren wir das Wirken Gottes.
In dir, Maria,
loben wir Gottes Liebe zu uns Menschen.
In dir, Maria,
preisen wir das wahre Licht, Jesus Christus.

SAMSTAG, 21. MAI

Impuls

Das muss ja eine ungeheuere Gewissheit für dich gewesen sein – zu spüren, dass Gott mit dir ist, zu merken, dass er dich begleitet. Dein Leben war wahrhaft nicht einfach: Du hattest einen Sohn, der sich im Alter von 12 Jahren zum ersten Mal von der Familie absetzte, einen Sohn, der vieles tat, was du nicht verstehen konntest.

Gebet

Mutter Gottes, steh uns bei
in den Veränderungen unseres Lebens.
Hilf uns, die Dinge anzunehmen,
wie sie sind, und lehre uns,
den Blick für hoffnungsvolle Perspektiven
zu bewahren.
Denn Gott ist gut und will unser Glück –
daran zu glauben, hilf uns stets.

Sonntag, 22. Mai

Impuls

Zeitweilig hast du und eure ganze Familie sogar geglaubt, er sei verrückt. Und schließlich endete er am Kreuz. Da war es gut für dich, zu wissen: Gott ist mit mir. Um diese Gewissheit beneide ich dich. Ich muss es mir immer wieder neu zusagen, dass Gott auch mit mir ist; und das ist oft mühsam. Sei du mir dann eine Hilfe.

Gebet

Maria, an vielen Orten kommen Menschen zu dir. Sei ihnen Fürsprecherin und gütige Mutter.

MONTAG, 23. MAI

Impuls

Du bist gebenedeit, das ist ein altmodisches Wort. Damit ist gemeint: Du bist gesegnet. Das Wort „gebenedeit“ kommt vom lateinischen „bene dicere“ – das heißt wörtlich übersetzt „gut reden“. Wenn Gott dich segnet, dann spricht er dir Gutes zu, dann meint er es gut mit dir. Er meint es gut mit dir, weil er etwas Besonderes mit dir vorhat. Er meint es gut mit dir, weil er dir eine verantwortungsvolle Aufgabe anvertraut, eine Aufgabe, die über die herkömmlichen Hausfrauen- und Mutterpflichten weit hinausgeht. Dafür hast du seinen Segen, und damit wirst du selbst zum Segen – für deinen Sohn, für deine Familie, für andere und für uns.

Gebet

Maria, du bist die ganz Reine und Schöne,
dein Herz ist ganz von Gott durchdrungen.
Lenke unser Denken und Handeln,
damit auch wir mit reinem Herzen Gott lieben können.

Dienstag, 24. Mai

Impuls

Nicht nur du bist gesegnet, sondern gesegnet ist auch das Kind, das du in dir trägst. Wenn eine Frau schwanger ist, wünscht sie sich sehnsüchtig, dass ihr Kind eine gute Zukunft haben möge. Eben dies hat Gott dir zugesagt. Allerdings der Weg in Gottes gute Zukunft verläuft oft nach anderen Gesetzen, als wir Menschen es uns vorstellen. Deshalb bitten wir dich, Maria, dass du uns beistehst, damit wir das begreifen.

Gebet

Vater im Himmel,
du hast uns in Maria deine Liebe offenbart
und uns so Hoffnung und Licht geschenkt.
Wir bitten dich:
Lass uns immer aufmerksam sein
für dein liebendes Handeln an uns.

MITTWOCH, 25. MAI

Impuls

Liebe Maria, du bist heilig, weil du moralisch perfekt und in jeder Hinsicht vollkommen warst. Wahrscheinlich liegt es an dieser falschen Vorstellung von Heiligkeit, dass viele mit dir und mit den übrigen Heiligen nichts anfangen können. Oder liegt es daran, dass du vielen fern geworden bist?

Gebet

Gott, du hast unter allen Heiligen
Maria gekrönt zur Königin des Himmels.
Wir danken dir,
dass du uns Menschen
in Maria so wunderbar geliebt hast.
Stärke uns, deine Liebe
allen Menschen weiterzuschenken.
Amen.

DONNERSTAG, 26. MAI

Impuls

Wie jeder Mensch hattest auch du deine Schwächen und Grenzen. Und gerade darin, gerade als Mensch bist du heilig, weil du dich ganz und gar von Gott erfüllen ließest, auch wenn es an die Grenzen des menschlich Ertragbaren ging. Dieses Durchdrungen-Sein von Gott hast du in verschiedenen noch so schweren Situationen deines Lebens ausgestrahlt. Davon können wir uns ergreifen lassen.

Gebet

Gütige Gottesmutter Maria,
hilf mir, im Glauben zu begreifen,
was mein Verstand nicht fassen kann,
und hilf mir, im Herzen zu verstehen,
was meine Sinne nicht erkennen.

FREITAG, 27. MAI

Impuls

Du warst eine ganz menschliche Mutter. Ich stelle mir vor, wie du mit deinem Sohn gespielt und gelacht, wie du ihn getröstet hast, wie du bisweilen streng sein musstest und wie du geweint hast um ihn. Und doch warst du nicht einfach die Mutter eines beliebigen Menschen. Weil du die Mutter unseres Herrn, unseres Erlösers, bist, der mehr ist als ein Mensch, nennen wir dich Mutter Gottes. In dir ist Gott unser Bruder geworden, hat sich uns Gottes menschenfreundliches Gesicht gezeigt.

Gebet

Du hoffnungsvolle Mutter,
gib uns Kraft, dass auch wir
mit Hoffnung auf das Leben blicken
und Gottes Plänen nicht im Wege stehen.

Samstag, 28. Mai

Impuls

Ich kann nur immer wieder sagen: Heilige Maria, bitte für mich und für uns alle, die wir uns immer wieder neu in Sünde und Schuld verstricken. Bitte für uns, die wir die Beziehung zu Gott aufkündigen und unser Heil woanders suchen. Bitte für uns, die wir uns an uns selbst und unsere hausgemachten Vorstellungen von Glück verlieren, an die Karriere, an den Erfolg, an unseren Wohlstand.

Gebet

Begleite mich auf meinem Weg, Maria.
Führe mich zu Christus
und lass mich ihn kennen lernen,
wie du ihn kennst.

SONNTAG, 29. MAI

Impuls

Bitte für uns, die wir auf Kosten anderer leben, andere ausbeuten oder in ihren Lebensmöglichkeiten beschneiden. Oft haben wir uns so weit von Gott entfernt, dass wir andere brauchen, die uns wieder zu ihm hinführen. Weil du Gott nahe bist, kannst du für uns bitten.

Gebet

Herr Jesus,
Maria hat von dir gelernt
und Gottes Güte durch dich erfahren.
Wir sind auf ihren Spuren
und bitten dich,
auch uns zu lehren,
in Nächstenliebe zu handeln.

Montag, 30. Mai

Impuls

Jemanden zu kennen, der für uns einsteht, das ist sehr beruhigend. Wir kennen Maria, die Mutter Jesu, in der Gott unser Bruder geworden ist. Wir rufen sie an in unseren Nöten und Sorgen: Maria, bitte für uns bei deinem Sohn.

Gebet

Magd des Herrn, hilf mir,
zu dienen und zu lieben,
wo ich gebraucht werde.
Hilf mir, stets neu zu solchem Handeln
aufzubrechen.

DIENSTAG, 31. MAI

Impuls

Wir rufen aber auch: Bitte für uns und denke an uns nicht nur jetzt und heute. Wir haben es vielleicht in Zukunft noch nötiger als jetzt. Vor allem aber, vergiss uns nicht, wenn wir am Ende unseres Lebens sind. Begleite uns bei unserem Sterben und führe uns zu Gott.

Gebet

Maria und Jesus gehören zusammen.
Mit ihr wollen wir im Gespräch
mit dem Herrn bleiben
und so ihn besser empfangen lernen.
Heilige Mutter Gottes, bitte für uns,
wie du in Kana für die Brautleute gebeten hast.
Führe uns zu Jesus – immer von neuem.
Amen.

Benedikt XVI.

Pfingsten
12. Juni 2011

Hymnus

Komm, Schöpfer Geist, kehr bei uns ein,
besuch das Herz der Kinder dein:
Die deine Macht erschaffen hat,
erfülle nun mit deiner Gnad.

Nach Heinrich Bone 1847

Gebet

Barmherziger Gott,
heute schenkst du uns in besonderer
Weise deinen heiligen Geist.
Erfülle uns und die ganze Welt
mit seinen lebendig machenden Gaben.
Am Geburtsfest der Kirche bitten wir dich,
erneuere deine heilige Kirche,
damit sie den Menschen dich selber
weitergeben kann.
Darum bitten wir dich
durch Jesus Christus unseren Herrn.

Schriftlesung: Joh 20,19-23

Impuls

Maria hat zweimal Pfingsten erlebt, das erste Mal in der Kammer von Nazaret, als der Engel zu ihr kam und ihr sagte: „Sei gegrüßt, du Begnadete" (Lk 1,28), was soviel heißt wie: Du bist die Begeisterte. Und dann hat Maria zum zweiten Mal im Abendmahlssaal von Jerusalem mit den Aposteln Pfingsten erlebt, als der Heilige Geist in brennenden Feuerzungen auf sie und die Apostel herabkam. Darum: Wo Maria, dort die Begeisterung. Dort hat eine Kirche viele geistliche Berufungen und zahlreiche begeisterte Christen. Immer, wenn es für Maria in der Kirche keinen Raum mehr gibt, dann schwindet die Begeisterung, dann gibt es keine geistlichen Berufe mehr, dann ziehen die Geistlichen ihr geistliches Kleid aus, und manche hängen ihren geistlichen Beruf an den Nagel. Maria ist die Werkstatt des Heiligen Geistes. Sie bringt uns Gottverbundenheit, denn der Heilige Geist verbindet Gott und Mensch, er verbindet Gott und die Welt, und er verbindet Mensch und Mensch. Marienverehrung ist darum keine Frage des theologischen Geschmacks, sondern sie ist eine Existenzfrage für unsere Kirche, weil Maria die Geistträgerin ist. Sie bringt uns den Heiligen Geist ins Haus.

Vielleicht ist dies das Besondere des Johannesevangeliums, dass Johannes nach den Aussprüchen der Väter „der Große Theologe“ genannt wird. Wo hat Johannes Theologie studiert? – Bei Maria, als er sie in sein Haus aufnahm! Maria sitzt nicht auf einem Lehrstuhl, sondern sie kniet auf einem Betstuhl. Auf den Knien lernt man vor allem Theologie und nicht nur und nicht vor allem in den Hörsälen, sondern in den Betsälen. Nicht der Lehrstuhl, sondern der Betstuhl ist der legitime Ort, wo sich uns die Herrlichkeit Gottes offenbart. Und wenn unser Heiliger Vater als wirklich großer Lehrer und Theologe vor den Völkern der Welt seine Stimme erklingen lässt, dann spürt man, bei wem er letztlich studiert hat, welche hohe Schule er besucht hat: die Kammer von Nazaret. Seine Eltern gingen mit ihm als dem Jüngsten und den anderen Geschwistern regelmäßig nach Altötting zur Wallfahrt. Er ist von frühester Kindheit an im Haus der Mutter Christi zu Hause, und die Figur unserer Lieben Frau von Altötting steht auf seinem Schreibtisch und wacht mit ihrem gütigen Blick über seiner Arbeit. Bei seinem Besuch in Altötting im Jahr 2008 schenkte er Maria seinen Bischofsring. Auf dem Betstuhl Mariens ist der Heilige Vater wie Johannes, der Seher von Patmos, der große Prophet geworden, der uns glaubwürdig und überzeugend das Evangelium verkündet. Ganz verbunden mit

Maria, der Geistträgerin, die Begeisterung vermittelt, werden wir zu Geistlichen, sodass uns dann die Augen aufgehen und wir nicht nur Anstudiertes verkündigen, sondern dem Volke Gottes Geschautes vermitteln dürfen. Das ist heute so wichtig, denn der Glaube verlöscht bei vielen Menschen wie eine Flamme, die keine Luft mehr bekommt.

Joachim Kardinal Meisner

Gebet

Maria,
du hast dem Geist Gottes dein Herz geöffnet.
Sei mit uns, wenn wir den Geist Gottes erbitten.
Hilf uns, seinem Wirken in unserer Kirche
und in unserem Herzen Raum zu geben.

Mariä Heimsuchung
2. Juli 2011

Hymnus

O Maria, meine Liebe,
denk' ich recht im Herzen dein,
schwindet alles Schwer' und Trübe;
und wie heller Morgenschein
dringt's durch Lust und ird'schen Schmerz
leuchtend mir durchs ganze Herz.

Joseph von Eichendorff

Gebet

Ewiger Gott,
Maria war ein liebendes Wesen.
Sie eilte zu ihrer Verwandten Elisabet,
um ihr einen Dienst der Nächstenliebe zu tun.
Hilf uns, dass auch wir einen liebenden Blick
für die Nöte der Menschen haben und
mit Maria in den Lobpreis einstimmen können.
Darum bitten wir dich
durch unseren Herrn Jesus Christus.

Schriftlesung: Lk 1,39–56

Impuls

Gedanken auf dem Heimweg:
Die Zeit mit Elisabet hat mich hineinwachsen lassen in das Wort des Lebens: Wir sprachen über uns, unseren Alltag, über das Kind, das in Elisabets Leib wächst und das mir auf so unbegreifliche Weise verheißene Kind, wir tasteten uns heran an das, was es heißt, Mutter zu sein, an als das Neue, das in unser Leben einzubrechen begann. Und in all unser Reden war die Geschichte Gottes hineinverwoben, die Geschichte unseres Volkes, die Geschichte der Verheißung. Unmerklich führten uns unsere Gespräche immer wieder neu hinein in das Wort, das uns beten lässt. Meine Geschichte, das ist auch Gottes Geschichte. Ich bin Maria, das junge Mädchen aus Nazaret, meine Geschichte ist wie die meiner Bekannten und Freundinnen alltäglich, ein Leben nicht auf der Seite der Mächtigen und Reichen, ein Leben, das sich durch die Mühsal, die Arbeit, oft den Kampf des Alltags seinen Weg bahnt. Aber da bist du, Gott, da machst du dich kund.
In diesen Monaten bin ich hineingewachsen in das Ja, ich spüre es, in mir, im Wachsen des Lebens. Das Wort wächst mit dem Kind in mir, es wächst in dem Wort, das mir gesagt worden ist und zu dem ich selbst gefunden habe. Groß bist

du, Gott, ich preise dich, groß preise ich dich, du mein Erbarmer. Das Wort der Verheißung ist wie eingebrannt auf meiner Stirn, in meinem Herzen. Es wird mich nicht verlassen, und ich werde es wahren, wenn ich dem Leben Raum gebe. Die Gemeinschaft mit Elisabet, meiner Mutter und Vertrauten im Glauben, hat mir den neuen Horizont erschlossen ... Ob es mir noch einfällt, das Wort des Preises, das sich gelöst hat in der Gegenwart von Elisabet? In ihrem Gruß bin ich zum Leben erwacht. Die Worte haben ihren Zusammenhang gefunden in der Freude des Lebens, das von ihr selbst ausging. So ist in diesem Gruß mein Wort geboren worden im Wort der Liebe, des Lebens, im Wort Gottes. Und ich habe gewusst: Die Zukunft der Verheißung ist in mich eingebrochen, eingebrochen in die Welt, und das Heil unserer Väter und Mütter steht uns neu zur Seite. Auch das Kind hat die reine Freude des Grußes gespürt, in der Tiefe des Leibes, dort wo allein wirkliches Erbarmen wachsen kann: Und ich konnte sprechen zu Gott, meinem Befreier, unserem Erbarmer: Meine Seele preist die Größe des Herrn, und mein Geist jubelt über Gott, meinen Retter.

Margit Eckholt

Gebet

Herr, du hast jedem Menschen
das Talent zum Lieben gegeben.
Wie Maria wollen wir dieses Talent nicht vergeuden, und es denen bringen,
die sich nach Liebe, Hilfe und Zuspruch sehnen.
Sende uns deinen Heiligen Geist,
um in Liebe zu handeln und zu sprechen.

Maria vom Berge Karmel
16. Juli 2011

Hymnus

Jungfrau, Mutter, sei gegrüßt,
Morgenstern, des Karmel Zier;
arm und schwach ist unser Lied,
doch in Liebe dir geweiht.
Reich teilst du Geschenke aus
in der Zeiten langem Lauf,
seit die Höhle fruchtbar ward
und der Karmel neu erblüht.

Gebet

Allmächtiger Gott,
schon im Bund
mit deinem auserwählten Volk Israel
hast du den Berg Karmel
zu einem Ort großer Propheten bestimmt.
Heute verehren wir dort die Jungfrau Maria.
Der Berg ist dein Heiligtum geworden,
eine Stätte der Begegnung mit dir.
Gib, dass auch wir dir begegnen können,
an allen Orten unseres Alltags.

Schriftlesung: Mt 12, 46-50

Impuls

Das Fest und die Verehrung Unserer Lieben Frau auf dem Berge Karmel weist uns darauf hin, dass der Christ die Stille, die Ruhe, die Zurückgezogenheit, das Gebet und die Betrachtung pflegen muss. Das Ziel allen christlichen Bemühens und das Wesen des Christseins besteht darin, dass der Mensch auf Du und Du mit Gott, dem Vater und Jesus Christus, seinem Sohn und unserem Bruder, steht. Christentum ist nicht Befolgung von Geboten und Regeln. Christentum bedeutet nicht, irgendwelche Liturgien und Riten zu vollziehen. Christentum heißt auch nicht, durch gute Werke sich die Nähe Gottes erobern und den Himmel verdienen. Christentum will den Menschen in die Unmittelbarkeit Gottes führen. Dazu ist das Fest Stachel im Fleisch! Wie geschieht das?
Es beginnt die Urlaubszeit. Viele Menschen sehnen sich danach, vom Stress des Berufs und des Alltags frei zu sein, um Ruhe und Frieden zu finden, die sie vor allem für das Gespräch mit dem Ehepartner, den Kindern, den Angehörigen und Freunden nutzen möchten. Bei vielen ist – oft ungewollt - der Gesprächsfaden abgerissen. Die unmittelbaren personalen Beziehungen, auch zum

Nächsten, kommen in der Hektik und im Lärm unseres Alltags oft zu kurz oder gehen ganz unter. Wer aber nicht im Gespräch mit dem Nächsten steht, der verliert die Beziehung zu ihm. Sie versandet oder zerbricht. Die Urlaubszeit soll Gelegenheit bieten, das Gespräch wieder aufzunehmen, um die Beziehung zu pflegen und zu stärken.

So ist es auch in unseren religiösen Beziehungen. Wir brauchen Ruhe, Stille und Abgeschiedenheit von Hektik und vom Lärm, um im persönlichen Gespräch mit Gott und Jesus Christus, mit der Gottesmutter und unseren Heiligen im Himmel zu stehen. Nur so bleiben wir in echten tiefen Beziehungen mit Gott, Jesus Christus, Maria und dem Himmel verbunden. Nur so erfassen wir das Wesen des Christentums und gelangen zum Ziel, in der Unmittelbarkeit mit Gott zu leben.

Diese Ruhe und dieser Friede braucht nicht nur unser persönliches religiöses Leben, sondern auch die Kirche insgesamt, besonders unsere Liturgie. Unsere Kirche macht manchmal nach außen den Eindruck, dass sie sich um alles und jedes kümmert. Aber die religiöse Kompetenz wird ihr abgesprochen oder nicht zugetraut. Zu jeder sozialen, wirtschaftlichen und politischen Frage gibt sie eine Antwort. Zu jedem Problem erfolgt eine kirchliche Stellungnahme. Dabei

kommt ihre religiöse Kompetenz zu kurz und wird in Frage gestellt. Eigentlicher Auftrag der Kirche ist aber, die Menschen in unmittelbaren Kontakt, ins Gespräch, in die Beziehung zu Gott zu bringen. „Herr, lehre uns beten“, diesen Wunsch der Apostel haben viele heute. Die Kirche muss ihn aufnehmen und erfüllen.
Auch in unserer Liturgie bringen wir manchmal die verschiedensten Elemente ein und vergessen, dass Liturgie den Menschen zu Gott erheben soll, damit er ins Gespräch mit ihm kommt, so wie Elija auf dem Berg Karmel, so wie die Gottesmutter in Nazaret, so wie die ersten Karmeliten, die sich ins Karmelgebirge zurückzogen, so wie alle echten Christen, Frauen und Männer. Unsere Gottesdienste, besonders die Jugendgottesdienste, sind manchmal sehr überfrachtet und werden dadurch unruhig und hektisch. Wir tragen die Hektik und den Lärm unserer Welt in die Liturgie hinein, von denen sie eigentlich befreien und erlösen sollte. Da muss noch die Band ein Stück spielen, da muss noch ein Text eingeflochten werden, da muss noch eine Symbolhandlung Platz finden und dort muss noch ein Gag eingebaut werden. Nach den jüngsten Umfragen sehnen sich auch Jugendliche nach einer Liturgie der Ruhe und der Getragenheit, in der sie Raum und Zeit finden, um die Seele baumeln zu lassen und

um Gott zu spüren und zu erahnen, mit ihm in ein Gespräch auf Du und Du zu finden.

[...]

Das Fest Unserer Lieben Frau auf dem Berge Karmel will die Gottesmutter ehren und an sie, unsere Fürsprecherin und unser Vorbild, erinnern. Es will uns auch auf den Schutz Gottes hinweisen und den Glauben an den guten Vatergott stärken; nicht zuletzt will es auch Stachel im Fleisch sein, das Gebet zu pflegen sowie Stille und Ruhe in der Kirche, besonders auch in der Liturgie, zu bewahren, damit wir in der Unmittelbarkeit Gottes leben und so die wesentlichen Dinge unseres Glaubens wahrnehmen. Das Fest Unserer Lieben Frau auf dem Berge Karmel weist auf das Wesen des religiösen Lebens hin, das Gebet, das Gespräch mit Gott und Jesus Christus.

Ludwig Schick

Gebet

Hab Erbarmen, Schöpfer,
mit deinen Geschöpfen!
Schau, wir verstehen uns selbst nicht,
noch wissen wir, was wir uns wünschen,
noch treffen wir das Richtige mit unseren Bitten.
Gib uns Licht, Herr!

Hl. Teresa von Ávila

Mariä Aufnahme in den Himmel 15. August 2011

Hymnus

Gruß dir, Mutter, in Gottes Herrlichkeit,
Mutter Gottes, Mutter der Christenheit,
Stern der Hoffnung und Quell der Seligkeit.
Gruß dir, Mutter, reich an Barmherzigkeit.

Nach „Salve, mater misericordiae“ 14. Jh.

Gebet

Barmherziger Gott,
deine Liebe zu uns Menschen ist grenzenlos.
Maria hast du vor der Sünde bewahrt
und sie mit Leib und Seele
in den Himmel aufgenommen.
Hilf uns, an deine Liebe zu glauben,
und daran, dass du auch uns
zur dir in deine Herrlichkeit führen willst.
Darum bitten wir
durch unseren Herrn Jesus Christus.

Schriftlesung: Lk 1,39-56

Impuls

Menschen umarmen sich bei Begrüßungen und Abschieden. Vor allem in unseren südlichen Nachbarländern wird diese Geste gern geübt. Menschen wollen sich durch die füreinander geöffneten Arme ihre gegenseitige Wertschätzung und Verbundenheit zeigen. Ohne Worte vermittle ich dem anderen mit dieser Haltung: Du sollst mir nahe bleiben, und ich will dir nahe sein. Ich öffne mich, ja ich öffne mein Herz auf dich hin und du auf mich. Die Umarmung macht eins.
Besonders für ein Kind ist es wichtig, von den Eltern immer wieder auf den Arm gehoben zu werden, um leibhaft zu erfahren, dass es geliebt und angenommen ist. Spontan flüchten sich Kinder in die Arme ihrer Eltern, wenn sie sich in einer Situation unsicher fühlen oder wenn sie Angst haben. Kinder verstehen und sprechen dieses Zeichen, besonders die Zeichen der Körpersprache, ja sie leben davon.
Jesus verkündete uns – und die Kirche lehrt uns –, dass wir Kinder Gottes sind. Kinder Gottes durch die Taufe, Kinder Gottes, die zu Gott sprechen dürfen: Vater unser.
Wenn Kinder im irdischen Leben der liebenden Umarmung durch die Eltern bedürfen, gibt es dann für die Gotteskinder etwas Vergleichbares?

Das heutige Hochfest „Mariä Aufnahme in den Himmel“, an dem wir die Aufnahme der Gottesmutter Maria mit Leib und Seele in den Himmel feiern, will uns gleichsam die geistlichen Sinne dafür öffnen, dass es von Gott her die liebende Umarmung des Menschen gibt. Den Inhalt des heutigen Festtags könnte man ausdeuten: Gott schließt Maria fest ein in seine Arme, er umarmt sie bleibend und für immer.
Die Geschichte von Gottes offenen Armen gegenüber dem Menschen reicht weit zurück. Christi Menschwerdung und Geburt aus Maria besagt doch nichts anderes, als dass er auf den Menschen zuging. Er wollte aber nicht bloß einer von uns Menschen werden. Im Großen Glaubensbekenntnis sprechen wir ja:
„Für uns Menschen und zu unserem Heil ist er vom Himmel gekommen, hat Fleisch angenommen durch den Heiligen Geist von der Jungfrau Maria und ist Mensch geworden.“
Die Formulierung „hat Fleisch angenommen“ heißt: in der Menschwerdung, in der Auferstehung und Himmelfahrt Christi beginnt Gott, den Menschen und die Schöpfung zu sich emporzuheben. Es geht um die Bewegung der ausgestreckten Arme Gottes gegenüber dem Menschen, der wir in den Kreuzesabbildungen immer wieder begegnen. Gott macht seine Arme weit, um

den Menschen und die Schöpfung gleichsam darin einzuschließen. Damit eröffnet er seinen göttlichen Lebensraum. Er nimmt den Menschen an, hebt ihn empor, um ihn schließlich in seine Arme zu schließen.

Am heutigen Hochfest „Mariä Aufnahme in den Himmel" bekennt die Kirche, dass Maria mit Leib und Seele bei Gott vollendet ist. Um im Bild der Umarmung zu sprechen: Gott hat Maria bereits bleibend in seine Arme geschlossen. Was an Maria auf außerordentliche Weise schon Wirklichkeit ist, steht uns noch als Zukunft bevor. Durch die Vollendung Mariens ruft uns der auferstandene Herr gleichsam zu, dass der Lebensweg des Menschen in die Arme Gottes führen soll. Der Weg der Himmelfahrt Christi ist kein Museumsweg, sondern ein Zukunftsweg, der jedem von uns zugesagt ist. Und mit jedem Lebensalter, mit jedem Jahr mehr in unserem Lebensalter wachsen wir und können wir immer mehr hineinwachsen in die Arme Gottes.

Seit Christi Auferstehung und Himmelfahrt stehen Zeit und Ewigkeit nicht mehr in einem sich ausschließenden Verhältnis, sondern sie umschließen, sie umarmen sich bereits gegenseitig! Es gibt eigentlich kein streng geschiedenes Nacheinander mehr von Zeit und dann Ewigkeit. Die Aufnahme Mariens in den Himmel sagt uns, dass

die Bewegung der Umarmung des Menschen durch Gott bereits begonnen hat, bereits hineinreicht in diese Zeit.
Eltern, die ihr Kind in den Armen halten, stellen es freilich irgendwann wieder auf den Boden der Wirklichkeit. Die Geste, ein Kind in den Arm zu nehmen, ist ein Mittel, um das Kind für seinen Lebensweg zu stärken. Gottes Umarmung ist nicht nur ein Mittel, sondern auch Ziel. Das irdische Leben des Menschen soll dereinst ganz aufgehoben und geborgen sein in Gott.
Daher verliert Mariens Sterben, ihr Heimgang den Schrecken, der sonst dem Tod innewohnt. In der Aufnahme Mariens in den Himmel öffnet sich das Tor hinein in die bleibende Umarmung durch Gott. Liebe Schwestern und Brüder, eine tröstliche Botschaft für unser eigenes Leben und für unser Lebensende.
Wenn Gott uns als seine Kinder emporhebt in seine Arme, können wir uns dann aber in unserem Miteinander gegenseitig abwerten, verletzen oder gar ausbeißen? Gottes weit geöffnete Arme wollen allen Raum, Lebensraum sein. Das Hochfest „Mariä Aufnahme in den Himmel“, das Fest der bleibenden, der dauernden Umarmung Mariens durch Gott lädt mich ein, mein Leben aus dem Vertrauen in die Umarmung Gottes zu gestalten. Gott streckt seine Arme aus nach mir,

nach dir, nach jedem, wie das Kreuz Christi uns bezeugt. Wer sich aber von Gott umarmt weiß, findet in seinem Leben immer wieder zurück zum Glauben, zum Vertrauen an die Geborgenheit in Gott. Aus der Kraft dieser Geborgenheit heraus lässt sich dann die geballte Faust öffnen, um Geste der Versöhnung zu werden, wandelt sich das harte Wort über den Nächsten in Annahme und Freundlichkeit. Aus der Kraft der Geborgenheit Gottes werden aus ich-verhafteten Menschen Menschen, die sich um die Nöte und das Leid Anderer sorgen. Sie werden so zu Menschen, die selbst Gott umarmen.

Gregor Maria Hanke

Gebet

Himmlischer Vater, wir danken dir,
dass wir Maria unsere Mutter nennen dürfen.
Sie hält die Arme offen für alle Seelen,
die in dein Himmelreich gelangen.
Dorthin führe uns ihr Vorbild
und geleite uns ihr Schutz. Amen

MARIA KÖNIGIN
22. AUGUST 2011

Hymnus

O meine Herrin, Königin des Himmels,
so sehr frohlockt mein Herz darüber,
dass der höchste Gott dich als Mutter erwählt hat
und dir die höchste Würde schenken wollte.

Birgitta von Schweden

Gebet

Vater,
du hast Maria, unsere Mutter,
im Himmel durch deinen Sohn gekrönt.
Voll Vertrauen bitten wir dich,
auf die Fürsprache der Himmelskönigin,
einst bei dir in deinem himmlischen Reich
zu leben, mit allen,
die du deine Kinder nennst.
Darum bitten wir durch Jesus Christus.

Schriftlesung: Lk 1, 26-38

Impuls

Der heutige Gedenktag „Maria Königin“ ist der Oktavtag des Hochfestes der Aufnahme Mariens mit Leib und Seele in den Himmel, der achte Tag, der die Festwoche von Mariä Himmelfahrt vollendet und abschließt.
Mariä Himmelfahrt ist die Brücke zwischen dem diesseitigen, irdischen Leben der Muttergottes und ihrem Leben in der Vollendung, in der Herrlichkeit des Himmels. Dort wird sie von Gott in ein neues Amt eingesetzt, das ihre bisherige Kompetenz und Zuständigkeit und auch ihre Macht unendlich weitet und universalisiert: Maria Königin.
Zunächst scheint das nichts Besonderes: Naja gut, sie hat das verdient, wir verehren sie als Königin. So ein bisschen Geglitzer, das in die Augen sticht, damit man auf sie aufmerksam wird. Diese Aufmerksamkeit steht ihr zu, und wir wollen sie ihr auch zugestehen. Aber es geht bei dem Fest Maria Königin nicht um Geglitzer oder um Äußerlichkeiten, sondern um etwas höchst Wesentliches und Bedeutsames. Denn heute wird das, was die Muttergottes in ihrem Leben gelebt und verkörpert hat, von Gott selbst bestätigt. Heute werden durch ihre Inauguration, ihre Inthronisation, von Gott selbst alle jene Werte bestätigt und unter-

strichen, die sie verkörpert hat: Glaube, Hoffnung, Liebe; ihre Treue und Gottverbundenheit und ihre absolute totale Sündelosigkeit.
Gott selbst bestätigt damit: Was die Muttergottes gelebt und verkörpert hat, ist echt und von bleibendem, unumkehrbarem Wert, es ist normativ für die gesamte Menschheit. So müsst ihr leben, ihr Menschen, nehmt euch an ihr ein Beispiel.
Die Muttergottes, liebe Brüder und Schwestern im Herrn, ist uns darin ein Beispiel, dass sie nichts sein wollte außer Gott verbunden, nur die Magd des Herrn. So wird heute durch Gott selbst an ihr bestätigt, was Gott der Vater bereits an seinem Sohn in dessen Auferstehung und Himmelfahrt sowie dessen Verherrlichung im Himmel bestätigt hat. Der Herr, der selbst nichts anderes sein wollte als der Gottesknecht und der nichts anderes war als Knecht Gottes; der Herr, der diese Gottesknechtschaft gelebt und verkörpert hat, wird zum Christkönig: „Mir ist alle Gewalt gegeben im Himmel und auf Erden."
Dies geschieht heute entsprechenderweise an der Muttergottes: Und weil sie nichts anderes als Magd sein wollte und diese Magdlichkeit auch auf vollkommene Weise gelebt hat, deshalb wird sie heute zur Königin des Himmels gekrönt. Sie hat nichts anderes gelebt und verkörpert als ihre ganze Dienstbarkeit und Demut Gott gegenüber:

„Ich bin die Magd des Herrn, und mir geschehe nach deinem Wort."

Pfarrer Ulrich Engel

Gebet

Maria, du Königin unseres Herzens,
sei uns eine Fürsprecherin bei deinem Sohn,
sei uns eine Leuchte im Dunkel des Lebens,
sei unsere Freude,
wenn uns die Traurigkeit der Welt einholt,
und sei mit allen Menschen,
die Unrecht und Leid erfahren –
hilf ihnen, o mächtige Königin,
ihre Not furchtlos zu überstehen,
und erleuchte unsere Herzen,
dass wir dort helfen, wo du uns brauchst.

MARIÄ GEBURT
8. SEPTEMBER 2011

Hymnus

Ave Maria, zart, du edler Rosengart,
lilienweiß, ganz ohne Schaden,
ich grüße dich zur Stund mit Gabrielis Mund:
Ave, die du bist voller Gnaden.

Johann Georg Braun

Gebet

Allmächtiger, ewiger Gott,
heute am Fest der Geburt Marias,
der Mutter unseres Herrn,
danken wir dir,
für das Geschenk des Lebens
und bitten dich:
Bewahre alle geborenen
und ungeborenen Kinder.
Segne und behüte alle Eltern und Familien,
damit ihre Kinder in einem Umfeld
der Liebe aufwachsen können.

Schriftlesung: Mt 1,1-16.18-23

Impuls

Gott hat einen Heilsplan und bereitet ihn vor. Die Freude über den Beginn dieses Heils drückt sich im Fest Maria Geburt aus. Maria wird im Eröffnungs- und Hallelujavers der Liturgie dieses Tages als „Morgenröte des Heils" bezeichnet.
Das Fest der Geburt Marias gehört zu den drei ältesten Marienfesten, in der Ostkirche wurde es schon im 6. Jahrhundert begangen. Es geht zurück auf das Kirchweihfest der St.-Anna-Kirche in Jerusalem, die als Ort der Geburt Mariens gilt. Nach anderer Überlieferung ist Maria in Nazaret geboren. Papst Sergius hat um das Jahr 700 die Feier des Festes in Rom angeordnet, im 10./11. Jahrhundert hat es sich dann in der ganzen Kirche verbreitet.
Vom 8. September aus, der kein historisches Datum ist, wurde später das Fest „Maria Empfängnis" festgesetzt, das dann an Bedeutung das Fest Maria Geburt übertroffen hat. In der Regel feiert man bei Heiligen ihren Sterbetag, den Geburtstag für den Himmel, Maria und Johannes der Täufer bilden jedoch eine Ausnahme. Schon am Anfang ihres Lebens wird Gottes Heilshandeln sichtbar. Der Legende nach waren Anna und Joachim lange kinderlos, bis ihnen durch einen Engel die Geburt Marias angekündigt wurde.

„O Morgenröte des Heils“ – Schon in der Geburt Marias leuchtet das Heil und das Handeln Gottes auf, wird die Geburt des Erlösers vorbereitet.

Sr. M. Katharina Küster, OSF

Gebet

Von der Geburt an bis zu deinem Lebensende
warst du, Maria, ganz in Gott.
Hilf auch uns, die Fülle des Lebens zu erfahren
und uns ganz auf Gott einzulassen.

Mariä Namen
12. September 2011

Hymnus

Meerstern, sei gegrüßet, Gottes hohe Mutter,
allzeit reine Jungfrau, selig Tor zum Himmel.
Du nahmst an das AVE aus des Engels Munde.
Wend den Namen EVA, bring uns Gottes Frieden.

Nach „Ave maris stella“ 9. Jh.

Gebet

Himmlischer Vater,
du hast Maria erwählt,
sie bei ihrem Namen gerufen.
Ihre Eltern haben ihr einen Namen
aus der Tradition ihres Volkes gegeben.
Sie war selbst eine einfache Frau aus dem Volk.
Ihr Name ist uns ein Hoffnungszeichen,
dass auch wir in unserer Einfachheit
von dir angenommen sind.
Den Glauben daran,
schenk uns immer wieder neu.
Darum bitten wir durch Jesus Christus.

Schriftlesung: Lk 1,26-38

Impuls

„Maria, dich lieben ist allzeit mein Sinn". Na ja ... Es gab eine Zeit, da konnte ich mich über dieses Lied nur aufregen. Mein Taufname ist Maria und wenn ich mich – was gar nicht so selten geschah – mal wieder mit meinem Vater überworfen hatte, die Wohnungstür hinter mir zugeschlagen und heulend und schmollend im obersten und hintersten Winkel unseres Treppenhauses hockte, kam unweigerlich selbiger Vater, kniete am Fuß der Treppe nieder und sang – zur Freude unserer Nachbarn, weniger zu meiner – laut und falsch diese Zeilen. Ich fürchte, das ist mindestens ein Grund, weswegen ich froh war, mit dem Ordenseintritt auch einen anderen Namen wählen zu dürfen.
Allerdings kommt man als Ordensfrau nicht an Maria und auch nicht an diesem Lied vorbei. Und allen „traumatischen" Erfahrungen zum Trotz ist es inzwischen mein Lieblings-Marienlied. Nicht wegen der ersten, sondern wegen der dritten Strophe. Maria, eine Frau, die unser Leben kennt, weil es auch ihr Leben war: Alltag, Arbeit, schauen, was und wie die Familie heute zu essen bekommt – und Mutter eines wahrlich nicht leicht zu erziehenden Sohnes. Diese Maria ist mir nahe und lieb und schwesterlich vertraut, an ihr

kann ich mich orientieren und mit ihr die Gnade Gottes auch in meinem Leben entdecken.

Sr. Judith Moormann, OP

Gebet

Heilige Maria,
Mutter Gottes, unsere Mutter,
lehre uns mit dir glauben
und hoffen und lieben.
Zeige uns den Weg zu seinem Reich.
Stern des Meeres,
leuchte uns und führe uns
auf unserem Weg!

Benedikt XVI., Spe salvi

GEDÄCHTNIS DER SCHMERZEN MARIENS 15. SEPTEMBER 2011

Hymnus

Sei gegrüßt, mater dolorosa!
Sei gegrüßt, die du den Schmerz angenommen hast!
Sei verehrt für deine Leiden,
sei verehrt für deine Großzügigkeit,
deinen Sohn herzugeben, der uns erlöst hat!

Gebet

Großer, ewiger Gott,
unter dem Kreuz ihres Sohnes stehen,
das konnte Maria nur mit deiner Hilfe.
Du hast ihr Kraft und Weisheit verliehen,
das Leid Jesu anzunehmen und zu begleiten.
Schenk uns Marias mütterlichen Beistand,
wenn wir unser tägliches Kreuz tragen.
Darum bitten wir durch deinen Sohn,
unseren Herrn Jesus Christus.

Schriftlesung: Joh 19, 25-27

Impuls

„Dir selbst aber wird ein Schwert durch die Seele dringen.“
Ein Gedenktag, der zum Inhalt Leid und Schmerzen hat?
Maria hat durch ihre Berufung, Mutter Gottes zu sein, nicht nur Freude und Erfüllung erfahren. „Alles Leid hielt sie umfangen, das nur je ein Herz durchdrang“ – so benennt es die Sequenz zum Gedenktag.
Einen Tag nach dem Fest Kreuzerhöhung, das zum Inhalt die Verehrung des Kreuzes Jesu als Siegeszeichen hat, wendet der Gedenktag der Mater dolorosa, der schmerzhaften Mutter, unseren Blick auf das Mitleiden Marias. Die Verehrung der Schmerzen Mariens, die die Bibel überliefert, entstand im Mittelalter.

Zu den klassischen 7 Schmerzen gehören:
Die Weissagung Simeons: „Dir selbst aber wird ein Schwert durch die Seele dringen.“
Die Flucht nach Ägypten
Die Erfahrung der Fremdartigkeit des Selbstzeugnisses Jesu im Tempel: „Wusstet ihr nicht, dass ich in dem sein muss, was meinem Vater gehört?“
Der Kreuzweg Jesu

Die Kreuzigung und der Tod Jesu
Jesus wird vom Kreuz abgenommen und in den Schoß seiner Mutter gelegt
Die Grablegung Jesu

Das Fest der Schmerzen Mariens wurde 1423 in der Erzdiözese Köln angeordnet, in Deutschland hat man es im 15. Jahrhundert vereinzelt gefeiert. Im Jahr 1667 wurde die Feier dem Servitenorden erlaubt, bis es 1814 von Papst Pius VII. als Dankfest für die Rückkehr aus der napoleonischen Gefangenschaft allgemein eingeführt wurde.
„Alles Leid hielt sie umfangen“ – dargestellt ist dies in der Pietá: Maria hält ihren toten Sohn in den Armen. Vor allem hier ist Maria Identifikationsfigur für Leidende und Trauernde. „Lass mich wahrhaft mit dir weinen“ – Wir sind mit unserem Schmerz nicht allein, sondern können ihn mit Maria teilen, ihn gemeinsam mit ihr aushalten und Gott hinhalten. Am Kreuz hat Jesus selber Maria seinem Lieblingsjünger Johannes und damit der ganzen Kirche zur Mutter gegeben. So ist sie unsere Mutter, die auch uns im Leid umfangen möchte. Das Gedächtnis der Schmerzen Mariens feiert nicht das Leid, sondern will helfen, es mit Marias Hilfe besser zu ertragen und auszuhalten. Mit Maria können wir lernen, unser

eigenes Leid mit den Augen des Glaubens zu sehen, es in Verbindung zu bringen mit Tod und Auferstehung Jesu Christi. Wer anders kann uns dabei helfen als Maria, seine Mutter?

Sr. M. Katharina Küster, OSF

Gebet

Ach neige,
du Schmerzensreiche,
dein Antlitz gnädig meiner Not!
Das Schwert im Herzen,
Mit tausend Schmerzen
blickst auf zu deines Sohnes Tod.
Zum Vater blickst du,
und Seufzer schickst du
hinauf um sein' und deine Not.
Hilf! Rette mich vor Schmach und Tod!
Ach neige,
du Schmerzensreiche, dein Antlitz gnädig meiner Not!

Johann Wolfgang von Goethe, Gebet Gretchens aus „Faust I“

ROSENKRANZMONAT OKTOBER 2011

Man nennt den heiligen Rosenkranz auch „das Brevier der Gläubigen“. Wie also Ordensleute und Priester jeden Tag gewisse Gebete aus dem Brevier beten, so ist der Rosenkranz für die Gläubigen das einfachste Mittel, jeden Tag in Beziehung mit Christus zu treten. Doch was tut man, wenn man den Rosenkranz betet? Man betrachtet Christus.

Gerade deshalb ist mir persönlich das Rosenkranzgebet sehr wichtig. Oft hört man das Argument, dass man doch nicht immer dasselbe beten solle und sich nicht stets zu wiederholen brauche. Doch das stetige Wiederholen ist auch in anderen Dingen gar nicht unüblich. Sehen wir zum Beispiel auf die moderne Musik, wie sie heute überall läuft. Auch wenn sie für viele nur schwer anzunehmen ist, macht diese Musik eines sehr deutlich: sie beruht auf Wiederholungen. Man wiederholt immer wieder die gleichen Sätze.

Auch im kirchlichen Bereich kennt man noch an anderen Orten dies stetige Wiederholen von Sätzen und Wörtern. Schauen wir nur auf die Lieder von Taizé, die sowohl bei Protestanten als auch bei Katholiken mittlerweile sehr geschätzt sind.

Somit ist die ständige Wiederholung des „Ave-Maria“ im Rosenkranzgebet die Grundlage, auf der man die Geheimnisse des Lebens und Leidens Christi betrachtet. Der Rosenkranz ist also, um es mit den Worten des hl. Ludwig Maria zu sagen, der „sicherste, schnellste und vollkommenste Weg zu Christus“. Für mich persönlich ist der Rosenkranz wirklich der beste Weg, Christus besser zu erkennen, um ihn mehr zu lieben und nachzuahmen.

Jean Claude Perissét

Gebetsanleitung zum Rosenkranz

Eröffnung

Im Namen des Vaters und des Sohnes und
des Heiligen Geistes. Amen.

Es folgt das Apostolische Glaubensbekenntnis, dabei wird das Kreuz in der Hand gehalten.

Ich glaube an Gott, den Vater, den Allmächtigen,
den Schöpfer des Himmels und der Erde,
und an Jesus Christus,
seinen eingeborenen Sohn, unseren Herrn,
empfangen durch den Heiligen Geist,
geboren von der Jungfrau Maria,

gelitten unter Pontius Pilatus,
gekreuzigt, gestorben und begraben,
hinabgestiegen in das Reich des Todes,
am dritten Tage auferstanden von den Toten,
aufgefahren in den Himmel;
er sitzt zur Rechten Gottes,
des allmächtigen Vaters;
von dort wird er kommen,
zu richten die Lebenden und die Toten.
Ich glaube an den Heiligen Geist,
die heilige katholische Kirche,
Gemeinschaft der Heiligen,
Vergebung der Sünden, Auferstehung der Toten
und das ewige Leben. Amen.

Ehre sei dem Vater und dem Sohn und
dem Heiligen Geist, wie im Anfang, so auch jetzt
und alle Zeit und in Ewigkeit. Amen.

An der ersten großen Perle:

Vater unser im Himmel,
geheiligt werde dein Name.
Dein Reich komme.
Dein Wille geschehe,
wie im Himmel so auf Erden.
Unser tägliches Brot gib uns heute.
Und vergib uns unsere Schuld,

wie auch wir vergeben unsern Schuldigern.
Und führe uns nicht in Versuchung,
sondern erlöse uns von dem Bösen. Amen.

Es folgen drei Ave Maria, die jeweils an einer der drei kleinen Perlen am Rosenkranz gebetet werden:

Gegrüßet seist du, Maria, voll der Gnade,
der Herr ist mit dir.
Du bist gebenedeit unter den Frauen,
und gebenedeit ist die Frucht deines Leibes,
(1) Jesus, der in uns den Glauben vermehre
(2) Jesus, der in uns die Hoffnung stärke
(3) Jesus, der in uns die Liebe entzünde
Heilige Maria, Mutter Gottes, bitte für uns Sünder
jetzt und in der Stunde unseres Todes. Amen.

Nun folgen fünf Gesätze, mit jeweils zehn Perlen. Jedes Gesätz wird mit einem Vaterunser eröffnet. An den zehn Perlen wird das Ave Maria gebetet. In dieses Gebet werden nach der Zeile „gebenedeit ist die Frucht deines Leibes, Jesus" die Geheimnisse eingefügt, die in dem jeweiligen Gesätz betrachtet werden. Diese Geheimnisse handeln von den Lebensstationen Jesu und seiner Mutter Maria. Das Gesätz wird mit einem „Ehre sei dem Vater" beendet.

Vielerorts wird noch das sogenannte Fatima-Gebet angefügt:

O mein Jesus, verzeih uns unsere Sünden, bewahre uns vor dem Feuer der Hölle, führe alle Seelen in den Himmel, besonders jene, die deiner Barmherzigkeit am meisten bedürfen.

Die freudenreichen Geheimnisse
Geburt und Kindheit Jesu

Jesus, den du, o Jungfrau,
vom Heiligen Geist empfangen hast

Lukasevangelium 1,26-38

Der Besuch des Engels war der entscheidende Wendepunkt in Marias Leben. Der himmlische Bote grüßt sie mit „Begnadete, der Herr ist mit dir!“ Das allein schon würde jeden von uns in Erstaunen, ja Schrecken versetzen. Doch der Engel verkündet Maria die Geburt ihres Sohnes, den sie von Gott her, vom Heiligen Geist empfangen soll. Sie ist frei, ja oder nein zu diesem Plan Gottes zu sagen. In dieser Stunde der Ungewissheit entscheidet sie sich dafür und sagt: „Ich bin die Magd des Herrn; mir geschehe, wie du es gesagt hast.“ (Lk 1,38) Nur ein Mensch mit unerschütterlichem Vertrauen in Gott kann so antworten.

Jesus, den du, o Jungfrau, zu Elisabet getragen hast

Lukasevangelium 1,39-56

Maria, die bereits schwanger ist, macht sich auf den Weg zu ihrer Cousine Elisabet, die trotz ihres reiferen Alters noch schwanger geworden ist. Auch sie hat Gottes Wirken erfahren dürfen und erwartet nun die Geburt des Johannes des Täufers. Der Besuch Marias ist ein simpler Akt der Nächstenliebe. Sie will ihrer Cousine in diesen Monaten beistehen und im Haushalt helfen. In den wundersamen Ereignissen, die Maria und Elisabet erfahren haben, entdecken sie das mächtige Wirken Gottes. Die Freude über Gott bringt Maria im Magnifikat jubelnd zum Ausdruck: „Meine Seele preist die Größe des Herrn!“ (Lk 1,46)

Jesus, den du, o Jungfrau, in Betlehem geboren hast

Lukasevangelium 2,1-20

In einem ärmlichen Stall wird der Retter der Welt geboren. Das Licht des Heiles erstrahlt in Betlehem und will die Menschen erlösen. Maria und Josef haben mit dem Heiland in ihrer Mitte gelebt. Sie haben ihn geliebt, ihn beschützt, mit ihm gespielt, ihn erzogen – und ihn schließlich der Welt geschenkt. Auch heute noch kann Jesus geistiger Weise unter den Menschen geboren werden, dort, wo er das Handeln und Denken von Gläubigen lenkt und wo Menschen bereit sind, wie Maria und Joseph, Jesus der Welt zu schenken.

Jesus, den du, o Jungfrau,
im Tempel aufgeopfert hast

Lukasevangelium 2,22-40

Die Eltern Jesu waren gläubige Juden und befolgten treu die Gesetze des Mose. Zur vorgeschriebenen Zeit gingen sie zum Tempel, damit Maria nach der Geburt rituell gereinigt werde, und um ihren Sohn Gott zu weihen. Für diese Anliegen brachten sie Brandopfer dar. Doch ihr Tempelbesuch wird durch das prophetische Sehen des Greisen Simeon und der Hanna in einen größeren Kontext gestellt: „Denn meine Augen haben das Heil gesehen, das du vor allen Völkern bereitet hast, ein Licht, das die Heiden erleuchtet, und Herrlichkeit für dein Volk Israel." (Lk 2,30-32) Diese Worte des Simeon bestätigen, dass Jesus der auserwählte Retter ist, den Gott in die Welt gesandt hat.

Jesus, den du, o Jungfrau,
im Tempel wiedergefunden hast

Lukasevangelium 2,41-52

Als Jesus zwölf Jahre alt war, gingen Maria und Josef mit ihrem Sohn wie jedes Jahr zum Paschafest nach Jerusalem. In jenem Jahr verlieren sie ihn aus den Augen. Nach mehreren Tagen finden sie Jesus endlich, er war im Tempel und verbrachte dort einige Zeit mit den Gelehrten. Seine Eltern wundern sich, mit welcher Selbstverständlichkeit Jesus vom Tempel als Haus „seines Vaters“ spricht. Vielleicht war es der Augenblick, wo sie zum ersten Mal spürten, dass sie dieses Kind verlieren müssen, weil es für mehr bestimmt ist. Wie oft erleben wir Situationen, wo wir verlieren müssen, was wir für uns beanspruchen. Wären wir bereit, Gott etwas zu geben, wenn er es von uns verlangen würde?

Die lichtreichen Geheimnisse
Ereignisse aus dem Leben Jesu

Jesus, der von Johannes getauft worden ist

Matthäusevanglium 3,13-17

Die Wassertaufe, die Johannes praktiziert, ist ein Ritus, der daran erinnern soll, dass eine innere

Vorbereitung und Umkehr nötig ist, um den Messias Gottes würdig zu empfangen. Johannes sagt von dem, der nach ihm kommt, dass dieser mit Heiligem Geist und Feuer taufen wird. Als Jesus dreißig Jahre alt ist, kommt er zu Johannes und lässt sich von ihm im Jordan taufen. In diesem Moment offenbart Gott Jesus als seinen geliebten Sohn. Es ist der, auf den Johannes der Täufer jede Minute seines Lebens verwiesen hat. Durch unsere Taufe sind wir auch dazu berufen mit unserem Leben auf Jesus Christus zu verweisen.

Jesus, der sich bei der Hochzeit in Kana offenbart hat

Johannesevangelium 2,1-11

Zu dem Hochzeitsfest in Kana sind Jesus, seine Jünger und die Mutter Jesu eingeladen. Als den Gastgebern der Wein ausgeht, wendet sich Maria an ihren Sohn und teilt mit ihm diese Sorge. Den Dienern sagt sie: „Was er euch sagt, das tut!" (Joh 2,5) Die Diener bringen Krüge voll Wasser zu Jesus, und er verwandelt das Wasser zu köstlichem Wein. Auch heute sagt uns Maria: „Vertraut auf meinen Sohn!" Glauben wir daran, dass Jesus auch unsere Sorgen, unsere Klagen und Nöte verwandeln will.

Jesus, der uns das Reich Gottes verkündet hat

Markusevangelium 1,14-15

Jesus hat uns die Frohe Botschaft, das Evangelium verkündet. Was ist der Kern dieser Botschaft? Seine Verkündigung dreht sich um das Reich Gottes, um Gottes Gegenwart unter den Menschen. Dieses Reich ist nahe, ist im Anbruch und verlangt persönliche Umkehr. Eine Umkehr, die die Liebe zum Mittelpunkt des Lebens macht: „Du sollst den Herrn, deinen Gott, lieben mit ganzem Herzen, mit ganzer Seele und mit all deinen Gedanken. Das ist das wichtigste und erste Gebot. Ebenso wichtig ist das zweite: Du sollst deinen Nächsten lieben wie dich selbst." (Mt 22,37-39)

Jesus, der auf dem Berg verklärt worden ist

Lukasevangelium 9,28-36

Mit seinen Jüngern Petrus, Johannes und Jakobus stieg Jesus auf einen Berg, um dort zu beten. Die drei erlebten einen Moment des Lichtes, als sie Jesus in verwandeltem, strahlendem Antlitz sahen und die Stimme Gottes hörten. Kennen wir nicht auch diese göttlichen Momente in unserem Leben, wo wir die Fülle der Liebe und des Lichtes Gottes spüren können? Manchmal ist es schon ein Lächeln, dass ein Antlitz verändert und erstrahlen lässt. Was den drei Jüngern in mächtiger Form offenbart worden ist, kann sich auch in unserem Alltag wiederholen, wenn wir in den kleinen Dingen Gottes Wirken erkennen.

Jesus, der uns die Eucharistie geschenkt hat

Matthäusevangelium 26,17-19.26-28

Jesus hat uns seine Gegenwart auf vielfältige Weise geschenkt: zuerst als Mensch vor 2000 Jahren, dann in seinem Wort in der Heiligen Schrift, und in jedem „geringsten seiner Brüder", das heißt in unseren Mitmenschen. Eine der schönsten Formen seiner Gegenwart ist das Abendmahl, wo Christen an den Tisch des Herrn eingeladen werden, miteinander das Brot zu brechen und den Wein zu teilen. In den Gestalten von Brot und Wein kommt Christus leibhaftig zu den Menschen. So wird diese Speise zur geistlichen Nahrung, die uns Christus ähnlich machen will.

Die schmerzhaften Geheimnisse
Das Leiden und Sterben Jesu

Jesus, der für uns Blut geschwitzt hat

Lukasevangelium 22,39-46

Es ist die Nacht vor seinem Leiden. Jesus zieht

sich mit seinen Jüngern auf den Ölberg zurück, um in diesen Stunden der Angst mit seinem Vater im Himmel zu reden. Er betet, er möge ihm dieses Leid des Kreuzes ersparen, wenn es denn einen anderen Weg gäbe, seinen Auftrag auf Erden zu vollenden. Jesus leidet in den Stunden bis zu seiner Festnahme Todesängste. Doch voller Treue und Liebe zu seinem Vater ruft er: „Nicht mein, sondern dein Wille soll geschehen. (Lk 22,42) In diesem liebenden Gehorsam zu seinem Vater wird Jesus in den Tod gehen. Im Gebet begleiten wir Jesu Leidensweg und bitten ihn, dass er uns hilft, auch in den kleinen Dingen des Alltags treu und gehorsam zu sein.

Jesus, der für uns gegeißelt worden ist

Johannesevangelium 18,28-19,1

Wie ein Verbrecher wird Jesus vor die verschiedenen Regierungsinstanzen in Jerusalem geführt, er erduldet die Fragen, die Beleidigungen und schließlich auch das Urteil. Pilatus, der keine Schuld an Jesus findet, wird sich dem Wunsch der aufgebrachten Volksmenge beugen und Jesus zum Tode verurteilen. Er ruft die Soldaten und lässt Jesus geißeln. Still und ohne Gegenwehr lässt er die Gewalt über sich ergehen – nicht weil er nicht anders kann, sondern weil er ein König des Friedens und der Gewaltlosigkeit ist. Jesus ruft auch uns zu einer Haltung der Gewaltlosigkeit auf.

Jesus, der für uns mit Dornen gekrönt worden ist

Markusevangelium 15,16-20a

Nicht genug, dass Jesus zum Tode verurteilt wurde, auch schwerste Demütigungen muss er über sich ergehen lassen. Die römischen Soldaten setzen dem gepeinigten Jesus eine Dornenkrone auf und legen ihm einen purpurnen Mantel um – ein Bild eines geschändeten, lächerlichen Königs. Sie spotten über ihn und rufen: „Heil dir, König der Juden!“ (Joh 19,3) In diesen Momenten leidet Jesus seelische Schmerzen. Seine ganze Hingabe, seine Mühen, seine Liebe für die Menschen – alles umsonst? Auch wir kennen Menschen, die seelisch leiden, oder uns selbst geht es so. Jesus ist uns genau in diesem Leid ganz nah, näher als es jemand sein kann.

Jesus, der für uns das schwere Kreuz getragen hat

Markusevangelium 15,20b-22

Wir haben die Worte im Ohr, die Jesus zu uns sagt: „Wer mein Jünger sein will, der verleugne

sich selbst, nehme sein Kreuz auf sich und folge mir nach.!“ (Mt 16,24) Mein Kreuz? Wie gerne gehen wir dem Schmerz, dem Leiden oder unangenehmen Situationen und Menschen aus dem Weg? Der Weg mit dem Kreuz endet nicht beim Kreuz – darum ermutigt uns Jesus, vor diesem Aspekt des Lebens nicht zu fliehen. Jesus will unser Leid mittragen.
Und wenn die Last uns drückt, dann rufen wir zu Jesus: Du hast das schwere Kreuz unserer Schuld und unseres Leids getragen, nimm auch dieses Leid auf dich.

Jesus, der für uns gekreuzigt worden ist

Lukasevangelium 23,44-49

In seiner Todesstunde ruft Jesus verzweifelt: „Mein Gott, mein Gott, warum hast du mich verlassen?“ (Mk 15,34) Doch da die beruhigende Gewissheit: Gott war da! Jesus war nie getrennt vom Vater, doch sein Schmerz und die Dunkelheit des Todes haben ihn diese Trennung spüren lassen. Gottesferne und Gottverlassenheit sind auch uns nicht fremd. Da ist einer, der mit uns nach dem Vater schreit. Und beten wir, dass da auch einer ist, der für uns spricht, wenn wir nicht mehr hoffen und vertrauen können: „Vater, in deine Hände lege ich meinen Geist.“ (Lk 23,46)

Die glorreichen Geheimnisse
Auferstehung und ewiges Leben

Jesus, der von den Toten auferstanden ist

Matthäusevangelium 28,1-8

Das Licht hat über das Dunkel gesiegt, die Hoffnung über die Trostlosigkeit. Mit der Auferstehung Jesu beginnt ein neues Leben für die ganze Schöpfung, denn durch sein Leiden und sein Auferstehen hat Jesus die Welt mit Gott versöhnt. Bei aller Schuld, die wir auf uns laden – Gott gibt uns wieder die Chance zum Neubeginn. Denn wenn schon die Natur im Herbst scheinbar stirbt und im Frühling zu neuem Leben erwacht, wie viel mehr können dann wir Menschen darauf hoffen, dass Gott auch uns aus dem Tod erwachen lässt und schon auf Erden aus dem Dunkel ans Licht führt.

Jesus, der in den Himmel aufgefahren ist

Matthäusevangelium 28,16-20

„ Seid gewiss: Ich bin bei euch alle Tage bis zum Ende der Welt.“ (Mt 28,20) Dieses Versprechen gibt Jesus, bevor er zum Vater zurückkehrt. Er hat vielfältige Weisen gefunden, auf der Erde präsent zu bleiben, in seinem Wort, in Brot und Wein, in unseren Mitmenschen. Durch seine Himmelfahrt wird eines deutlich: Jesus gehört zum Vater! Wir gehören zum Vater! Alles zielt auf den Vater, denn in ihm erlebt die Welt ihre Vollendung. Wenden wir uns an den Vater, der unsere Heimat und Lebensmitte sein will.

Jesus, der uns den Heiligen Geist gesandt hat

Apostelgeschichte 2,1-15

Der Heilige Geist: Atem Gottes, Ratgeber und Beistand. Die dritte göttliche Person ist, bildlich gesprochen, die liebevolle Atmosphäre zwischen Gott-Vater und Gott-Sohn. Es ist der Geist, der eint und zwischen Menschen vermittelt. Und Jesus sendet uns diesen Geist, um uns von Gott selber, von seiner Liebe und Weisheit erfüllen zu lassen. Der Geist Gottes wirkt, wo wir es nicht vermuten: Er spricht durch uns, wenn wir keine Worte mehr haben, er ermutigt uns, wo wir aufgeben wollen, er öffnet Wege, wo vorher Mauern waren. Seien wir bereit für das Wirken des Heiligen Geistes!

Jesus, der dich, o Jungfrau, in den Himmel aufgenommen hat

Lukasevangelium 1,48–49 und 1. Korintherbrief 15,20–22

Maria ist, wie die Kirche lehrt, mit Leib und Seele in den Himmel aufgenommen worden, das heißt, sie ist ganz in Gott vollendet. An ihr wird sichtbar, wie Gott an den Menschen handeln will. Er möchte uns ganz – mit Leib und Seele, mit Haut und Haar. Gott liebt uns und nimmt unsere Menschlichkeit an. Wenn wir auf Maria schauen, dann hoffen wir: Auch an unserem Lebensende wird Gott uns bei sich aufnehmen, und wir werden wie Maria als Person verwirklicht und vollendet sein. Maria will uns auf dem Weg dorthin eine Fürsprecherin sein und uns Hoffnung geben: „Denn der Mächtige hat Großes an mir getan." (Lk 1,48)

Jesus, der dich, o Jungfrau,
im Himmel gekrönt hat

Römerbrief 11,33–36 und Offenbarung 12,1

Maria – Königin des Himmels. Welch Ehre, diesen Titel zu tragen! Gott hat darin die gesamte Menschheit geehrt und erhoben. Durch die Jahrhunderte hindurch gab es immer wieder Menschen, die mit besonderer Hingabe auf Gottes Liebe geantwortet haben: die Heiligen. Die Gemeinschaft der Heiligen kann uns eine Brücke zu Gott sein: An ihrem Leben sehen wir, was Glaube heißen kann. Maria, die Heiligen und viele Menschen, die wir lieben, bevölkern den Himmel, der auch unsere eigentliche Heimat ist. Durch sie ist uns der Himmel nahe.

ALLERHEILIGEN
1. NOVEMBER 2011

Hymnus

Ihr Freunde Gottes allzugleich,
verherrlicht hoch im Himmelreich,
erfleht am Throne allezeit
uns Gnade und Barmherzigkeit.
Helft uns in diesem Erdental,
dass wir durch Gottes Gnad und Wahl
zum Himmel kommen allzumal.

Nach Friedrich Spee 1623

Gebet

Himmlischer Vater,
wir danken dir für die vielen Vorbilder,
die du uns in den Heiligen schenkst.
Sie leben bei dir und sind uns Fürsprecher.
Höre auf ihre Bitten und gib,
dass auch wir ein Leben führen,
das dir gefällt.

Schriftlesung: Mt 5,1-12a

Impuls

Dass Menschen Maria oder Heilige um ihre Fürsprache bei Gott anrufen, liegt nicht daran, dass sie diesen mehr vertrauen oder gar von ihnen göttliche Hilfe erwarten. Das wäre mit dem katholischen Glauben nicht zu vereinbaren. Im Gegenteil, Maria und die Heiligen stehen ihnen gerade als Nur-Menschen, als Geschöpfe nahe. Und darum besteht eine Freundschaft zwischen den schon ans Ziel gekommenen Menschen und uns, die wir noch unterwegs sind. So wie jeder Christ es als selbstverständlich findet, in einem besonderen Anliegen andere Menschen um Gebetshilfe zu bitten, so bitten wir Maria und die Heiligen, die bei Gott sind, und denen wir uns verbunden wissen, um ihre Fürbitte. Die Liebe, die Mitmenschlichkeit hört im Himmel nicht auf (vgl. 1 Kor 13,8). In vielem bedient sich Gott anderer Menschen, um uns seine Liebe zu vermitteln: der Eltern, der Lehrer ... Warum nicht auch der Heiligen! [...]
Wenn die Kirche Menschen selig oder heilig spricht, bedeutet das nicht, dass die Kirche Selige und Heilige erst „schaffe“. Niemand ist deshalb weniger heilig, weil er nicht heilig gesprochen wurde. Die Kirche stellt vielmehr nach eingehender Prüfung (Heiligsprechungsprozess) fest, dass

in einem konkreten Menschen die Gnade Gottes so erfahrbar war, dass von ihm mit Recht gesagt werden kann: „Selig, der du geglaubt hast“ (vgl. Lk 1,45 u.a.). Und: „Sie waren heilig wie der, der sie berufen hat“ (vgl. 1 Petr 1,15).
Deshalb werden sie allen Christen als Vorbilder bekannt gemacht, und es wird damit erlaubt, sie öffentlich zu verehren und anzurufen. [...]
Die Heiligen verdunkeln das Gottesbild nicht, im Gegenteil, sie weisen wie nichts anderes auf Gott hin. Jeder Heilige ist ein Widerschein und Abbild Christi; in jedem vollzieht sich gleichsam von neuem die Menschwerdung Gottes, weil in ihm das erreicht wurde, was jeder Mensch sein sollte, nämlich ein „anderer Christus“ (vgl. Paulusbriefe). Heiligkeit gibt es nur durch Christus, Maria selbst betet im Magnifikat (Lk 1,46-55): „Großes hat der Allmächtige an mir getan.“ Sie fährt aber fort: „Darum werden mich selig preisen alle Geschlechter.“ Wollen wir dabei fehlen?

Katholische Glaubensinformation, Frankfurt

Gebet

Heilige Maria, Mutter Gottes,
bitte für uns Sünder
jetzt und in der Stunde unseres Todes.

OHNE EERBSÜNDE EMPFANGENE JUNGFRAU UND GOTTESMUTTER MARIA 8. DEZEMBER 2011

Hymnus

Sei gegrüßt, du unversehrte Mutter,
durch die unsere Freude aufleuchtet.
Sei gegrüßt, die Adam vom Sturz aufrichtet
und Eva die Tränen trocknet.
Sei gegrüßt, du Lösegeld für die ganze Menschheit.
Sei gegrüßt, du Hafen für die Seele.
Sei gegrüßt, du Wegweiserin der Gläubigen zur Wahrheit.
Sei gegrüßt, du Wiederaufrichtung der Menschen.
Sei gegrüßt, du Blume, die nie verwelkt.
Sei gegrüßt, du Liebe, die jedes Sehnen übertrifft.

Sei gegrüßt, du unversehrte Mutter.
Sei gegrüßt, du Gefäß der Weisheit.
Sei gegrüßt, du Hoffnung auf die ewigen Güter.
Sei gegrüßt, du Eingangstor zur Seligkeit.
Sei gegrüßt, du Strahl der göttlichen Sonne.
Sei gegrüßt, du Blitz, der die Seelen erleuchtet.

Sei gegrüßt, du Leben voller mystischer Wonne.
Sei gegrüßt, du Zelt Gottes und des Wortes.
Sei gegrüßt, du meines Leibes Heilung
und meiner Seele Rettung.
Du unversehrte Mutter.

Pater Franz Courth SAC

Gebet

Allmächtiger Gott,
schon im Mutterleib hast du
die Jungfrau Maria vor aller Sünde bewahrt.
So konntest du deinem Sohn
eine makellose Stätte bereiten,
durch die er zur Welt kam.
Auf die Fürsprache der Gottesmutter
bitten wir dich: Bewahre uns
vor jeder Sünde und schenke uns
ein neues Herz, damit wir dich loben
und preisen können
durch Christus unseren Herrn.

Schriftlesung: Gen 3,9-15.20

Impuls

Wir feiern die Eltern Marias, die in ihrer liebenswürdigen Hingabe neues Leben schenkten, nicht ahnend und auch nicht im Geringsten irgendwie davon Kenntnis habend, was aus diesem Kind werden wird. Wir schauen gleichsam zurück auf den Anfang mit dem, was nachher geworden ist. Nicht nur, was aus Maria in ihrem Leben geworden ist, sondern was aus ihrem Kind dann geworden ist, aus Jesus von Nazaret. Auf ihn hin ist das Leben des Kindes Maria in einem neuen Konzept – könnte man sagen – gleichsam als „neues Modell“ der Schöpfung geschaffen. Die Kirche sagt dann „ohne Erbsünde empfangen“, also herausgenommen aus dem Sündenzusammenhang, in den menschliches Leben hineingerät. [...]

Das Tun des Guten setzt sich bei uns nicht immer so durch, wie wir das wollen. Damit sind wir bei dem, was die Kirche „Erbsünde“ nennt – ein Verflochtensein in Lebensentscheidungen hinein, die uns abhalten, das Paradies, das Gott uns gegeben hat, in uns zur Entfaltung zu bringen oder im Paradies zu bleiben, nicht herauszutreten aus dem Verbundensein mit Gott und dem Leben auf ihn hin.

Das Volk Israel rang dann viele Jahrhunderte hindurch mit Gott und mit der eigenen Schuldgeschichte. Gott hat versucht, einen Neuanfang zu setzen mit Abraham. Er hat dann mit Mose einen Neuanfang gesetzt. Er hat immer wieder Menschen gefunden, die das Böse in sich nicht zulassen wollten und es auch nicht zuließen. So hat sich im Volk Israel, im Volk Gottes gleichsam ein Bewusstsein entwickelt für „vermittelte Gnade“ in der Gemeinschaft von Gott vertrauenden Menschen. Es entstand so etwas wie ein heiliges Bewusstsein von „Vor Gott gut sein dürfen“. Das aber ist unserem Gott noch zuwenig gewesen. Er hat in einem Menschen – in Maria – eine „unmittelbare Gnade“ der Menschheit geschenkt: Sie ist nicht hineingenommen in diese Verflochtenheit des Bösen, in diese Auseinandersetzung zwischen Gutsein und nicht Gutsein. Es waren ihr Kummer und Leid nicht erspart. Es war ihr Traurigkeit nicht erspart. Aber sie war herausgenommen aus diesem Schuldzusammenhang des Bösen. Aus Gnade hat er ihr einen Neuanfang geschenkt, um einen Lebensraum zu haben für seinen Sohn, einen Lebensraum paradiesischer Gottverbundenheit inmitten der Menschheit, inmitten der Menschen, wie sie sich in der damaligen Geschichte zeigten.

Wir feiern heute die „direkte Gnade“. Maria wuchs auf in einem Volk, wo die Gnade im Volk vermittelt war, und durfte zusätzlich noch das Geschenk erfahren, unberührt zu sein von der Herausforderung des Nicht-Guten.

Glauben wir Gott diesen Neuanfang? Glauben wir Gott, dass seine Gnade siegreich war? Glauben wir, dass die verheißene Erlösung schon da ist, dass sie auch an uns geschieht?

Alois Schwarz

Gebet

Das Leben,
jeder Augenblick,
der Tod, wo wann und wie er mich trifft,
die ganze Ewigkeit,
alles ist dein,
Immaculata,
Nimm alles in deine Hände,
wie es dir gefällt.

Maksymilian Maria Kolbe

Heiliger Abend / Geburt des Herrn 24./25. Dezember 2011

Hymnus

Ehre sei Gott in der Höhe
und Friede auf Erden
den Menschen seiner Gnade.

Gebet

Herr,
wir warten auf deine Ankunft,
die uns aufrichtet und tröstet,
die diese Welt mit Liebe erfüllt.
Komm unser Retter,
der du mit dem Vater und
dem Heiligen Geist regierst in Ewigkeit.

Schriftlesung: Mt 1,1-25

Impuls

Plötzlich war Maria schwanger. Sie war ein junges Mädchen noch, vielleicht 15 oder 16 Jahre alt, und hatte sich bestimmt nicht auf eine so frühe

Schwangerschaft eingestellt. Sie war ja noch nicht einmal verheiratet. Neun Monate hatte sie Zeit, sich auf das werdende Leben in ihrem Leib einzustellen: neun Monate, geprägt von Fragen und Sorgen, aber auch von Freude und Hoffnung. Wie Maria, so stellten sich durch die Jahrhunderte hindurch bis heute wohl alle schwangeren Frauen die Fragen: Wie wird es werden? Bekomme ich ein gesundes Kind? Was wird mit diesem Kind auf mich zukommen? Bin ich allen Anforderungen gewachsen? Finde ich Hilfe bei meinem Partner?

Maria trug ihr Kind in einer unruhigen Zeit aus. Das Land stand unter fremder Herrschaft. Die Zukunft war ungewiss. Viele Frauen mussten ihre Kinder in unruhigen Zeiten austragen: in Kriegen und Hungersnöten, in Zeiten der Arbeitslosigkeit und des Wirtschaftszusammenbruchs oder wie heute, da sich viele Frauen fragen: Welche Überlebenschancen hat mein Kind angesichts der globalen Umweltzerstörung?

Maria hat Ja zu ihrem Kind gesagt; und als die Fragen und Zweifel sie vielleicht allzusehr bedrängten, ist sie zu ihrer Freundin gegangen, um sich bei ihr auszusprechen, um Trost und Hilfe zu finden. Denn gerade Frauen sind einander immer schon eine große Hilfe gewesen in der Zeit der Schwangerschaft.

In einem ärmlichen Stall liegt sie, weil in den Herbergen kein Platz mehr war. Maria bekommt ihr Kind in einfachster Umgebung. Wo kurz vorher vielleicht noch Tiere Unterschlupf gefunden haben, bringt sie ihr Kind zur Welt – todmüde und erschöpft nach einer langen und beschwerlichen Reise, ohne die Hilfe einer Hebamme, ohne fließendes Wasser und all den Komfort, den wir heute gewohnt sind. Und sicherlich mit dem Wehenschmerz, den alle werdenden Mütter mit ihr teilen.
Vielleicht erinnern Sie sich jetzt an die Geburt Ihres Kindes. War es zu Hause oder im Krankenhaus? Konnten Sie sich ruhig darauf vorbereiten oder kam alles so plötzlich und überstürzt, weil zu früh? War es eine leichte Geburt oder hatten Sie viele Stunden unter Schmerzen auszuhalten?
Maria, die Frau, der die Kirche Namen gegeben hat wie Königin, Herrscherin, Himmelspforte, Meeresstern ... , hat ihr Kind auf die gleiche Weise zur Welt gebracht wie Sie. Das verbindet uns Frauen viel mehr mit ihr als all die Titel, die ihr verliehen wurden.

Monika Eyll-Naton

Gebet

Heilige Maria, Mutter Gottes,
du hast der Welt
das wahre Licht geschenkt,
Jesus, deinen Sohn – Gottes Sohn.
Du hast dich ganz
dem Ruf Gottes überantwortet
und bist so zum Quell der Güte geworden,
die aus ihm strömt.
Zeige uns Jesus. Führe uns zu ihm.
Lehre uns ihn kennen und ihn lieben,
damit auch wir selbst
wahrhaft Liebende
und Quelle lebendigen Wassers
werden können
inmitten einer dürstenden Welt.

Benedikt XVI., Deus caritas est

Fest der Heiligen Familie
30. Dezember 2011

Hymnus

Wohl denen, die da wandeln
vor Gott in Herrlichkeit,
nach seinem Worte handeln
und leben allezeit.
Die recht von Herzen suchen Gott
und seiner Weisung folgen,
sind stets bei ihm in Gnad.

Nach Cornelius Becker 1602

Gebet

Barmherziger Vater,
wenn wir auf die Heilige Familie schauen,
dann erkennen wir,
was du auch unseren Familien schenken willst:
Friede und Einheit, Liebe und Vertrauen.
Um diese Gnaden
und deinen Segen bitten wir dich
durch Jesus Christus unseren Herrn.

Schriftlesung: Lk 2,22-40

Impuls

Das Fest der Hl. Familie ist ein verhältnismäßig neues Fest, mit dem die Kirche auf die Bedrohtheit der Familien seit der industriellen Revolution reagiert hat. Heute gilt das Thema Familie als typisch katholisch. Die Kirche, so meinen viele Christen, habe die wichtige Aufgabe, die Familien zu schützen und zu fördern. Das ist wohl auch so. Dennoch sollten wir vorsichtig sein, uns als „Hüter der Familie" aufzuspielen: Ein Blick in die Heilige Schrift zeigt im Gegenteil, wie Jesus die Familie relativiert:

– Jesus macht als 12-jähriger im Tempel und später noch mehrfach durch sein Verhalten gegenüber seiner Mutter und seiner Familie deutlich, dass seine Bindung an Gott, den Vater im Himmel, über der zu seiner leiblichen Familie steht.

– Jesus nimmt in Kauf, dass die Familien der Jünger durch die Berufung zur Nachfolge zerrissen werden.

– Und schließlich gilt die unbedingte Forderung im Evangelium, niemanden seinen Vater zu nennen als Gott.

Die Heilige Schrift ist also kein Hort der idyllischen Familie. Sie ist aber auch nicht die Entschuldigung, alle Bindungen ohne weiteres über Bord zu werfen und sich nicht um die Familie zu kümmern.

Das Eigentümliche der Botschaft Jesu ist, dass er uns herausruft (aus unserer Umgebung und auch unserer Familie) und gleichzeitig sendet. Dies ist auch die Grundstruktur im Evangelium des heutigen Tages: Der Engel sendet, Joseph handelt.
Damit sind wir uns in unseren Familien einander anvertraut. Nicht die naturhaften Bande, nicht der stärkere Arm des Vaters, nicht die Vorteile im Steuerrecht sind das Fundament der Familie, sondern diese Sendung.
Dass diese insbesondere eine Sendung zu den Schwachen ist, lehrt ein Blick in die erste Lesung aus dem Buch Jesus Sirach. Die Sendung füreinander bewährt sich dort, wo es gilt, uns ganz von der Not der anderen bestimmen zu lassen.
Es mag mancher so empfinden, dass Jesus damit überfordert. Es mag so aussehen, als würde das den Gegebenheiten nicht mehr gerecht. Ich glaube aber im Gegenteil, dass Jesus mit seiner Botschaft ein neues Fundament legt, auf dessen Grund wir heute wie damals uns den Gegebenheiten stellen können, ohne ihnen ausgeliefert zu sein.
Das Evangelium ermöglicht eine neue Haltung. Getragen ist diese Haltung von einer Zuversicht. Gott fügt uns in eine Familie ein, die jede andere übersteigt. Gott hat uns, wie das der Apostel Paulus formuliert, als Erben eingesetzt; wir sind Töchter und Söhne.

Eben so schafft Gott uns den Mut und den Freiraum, füreinander da zu sein, auch in der Familie.

P. Martin Löwenstein SJ

Gebet

Nun bitten wir die Mutter
und auch der Mutter Kind,
die Reine und den Guten,
dass sie uns Hüter sind.

Ohn' eure starke Hilfe
kann keiner wohlgedeihn,
und wer uns das bestritte,
der muss recht töricht sein.

Walter von der Vogelweide

GLOSSAR ZU DEN FESTTAGEN – PAPST BENEDIKT XVI. IM WORTLAUT

1. Januar 2011: Hochfest der Gottesmutter Maria

Die Liturgie betrachtet heute wie in einem Mosaik verschiedene Tatsachen und messianische Wirklichkeiten, aber ihr Augenmerk konzentriert sich vor allem auf Maria, die Mutter Gottes. Acht Tage nach der Geburt Jesu gedenken wir der Mutter, der „Theotókos", derer, die „den König geboren hat, der in Ewigkeit herrscht über Himmel und Erde" (Eröffnungsvers; vgl. Sedulius). Die Liturgie meditiert heute über das menschgewordene Wort und wiederholt, dass es von der Jungfrau geboren wurde. Sie denkt über die Beschneidung Jesu als einen Ritus der Eingliederung in die Gemeinschaft nach, und sie betrachtet Gott, der seinen eingeborenen Sohn als Haupt des „neuen Volkes" durch Maria geschenkt hat. Sie erinnert an den Namen, der dem Messias gegeben wurde, und hört ihn voll Zärtlichkeit aus dem Mund seiner Mutter. Die Liturgie erbittet für die Welt den Frieden, den Frieden Christi, und sie tut es durch Maria, die Mittlerin und Mitarbeiterin Christi (vgl. Lumen Gentium, 60–61).

6. Januar 2011:
Epiphanie

Heute feiern wir das große Fest der Epiphanie, das Geheimnis der Erscheinung des Herrn vor allen Völkern. Sie werden repräsentiert durch die Sterndeuter, die aus dem Osten gekommen sind, um dem König der Juden zu huldigen (vgl. Mt 2,1–2). Der hl. Matthäus, der über das Ereignis berichtet, hebt hervor, dass sie bis nach Jerusalem gekommen waren, wobei sie einem Stern folgten, den sie aufgehen sahen und als Zeichen für die von den Propheten angekündigte Geburt des Königs, also des Messias, deuteten. Als sie aber in Jerusalem angekommen waren, befragten die Sterndeuter die Hohenpriester und Schriftgelehrten, um den genauen Ort in Erfahrung zu bringen, zu dem sie sich begeben sollten, das heißt Betlehem, die Stadt Davids (vgl. Mt 2,5–6; Mich 5,1). Der Stern und die Heilige Schrift waren die beiden Lichter, welche die Sterndeuter, die uns als Vorbilder für die aufrichtige Suche nach der Wahrheit erscheinen, auf ihrem Weg führten.

2. Februar 2011:
Mariä Lichtmess/Darstellung des Herrn

Das heutige Fest der Darstellung Jesu im Tempel, vierzig Tage nach seiner Geburt, stellt uns einen besonderen Augenblick aus dem Leben der Heiligen Familie vor Augen: Wie es dem Gesetz des Mose entspricht, wird der kleine Jesus von Maria und Josef in den Tempel von Jerusalem gebracht, um dem Herrn geweiht zu werden (vgl. Lk 2,22). Von Gott inspiriert, erkennen Simeon und Hanna in jenem Kind den sehnlich erwarteten Messias und machen über ihn eine Weissagung. Wir wohnen hier einem schlichten und zugleich feierlichen Geheimnis bei, in dem die Heilige Kirche Christus, den Gesalbten des Vaters, den Erstgeborenen der neuen Menschheit, feiert.

25. März 2011:
Verkündigung des Herrn
Die Verkündigung, die am Anfang des Lukasevangeliums erzählt wird, ist ein bescheidenes, verborgenes Ereignis – niemand sah es und niemand wusste davon außer Maria –, gleichzeitig aber ist es für die Geschichte der Menschheit entscheidend. Als die Jungfrau ihr „Ja" zur Verkündigung des Engels sagte, wurde Jesus empfangen, und mit ihm begann das neue Zeitalter der Geschichte, das im Ostergeschehen als „neuer und ewiger Bund" besiegelt werden sollte. In Wirklichkeit ist das Jawort Marias der vollkommene Widerschein des Jaworts Christi selbst, als er in

die Welt kam, wie im Hebräerbrief als Deutung zum Psalm 40 geschrieben steht: „Ja, ich komme – so steht es über mich in der Schriftrolle –, um deinen Willen, Gott, zu tun“ (10,7). Der Gehorsam des Sohnes spiegelt sich im Gehorsam der Mutter wider, und auf diese Weise, durch das Aufeinandertreffen der beiden Jaworte, konnte Gott ein menschliches Antlitz annehmen. So ist die Verkündigung auch ein christologisches Fest, weil es ein zentrales Mysterium Christi feiert: seine Menschwerdung.

2. Juli 2011:
Mariä Heimsuchung
Maria begibt sich zu ihrer betagten Cousine Elisabet, von der alle sagten, sie sei unfruchtbar, und die doch im sechsten Monat einer von Gott geschenkten Schwangerschaft stand (vgl. Lk 1,36), und Maria trägt in ihrem Schoss den soeben empfangenen Jesus. Sie ist eine junge Frau, aber sie hat keine Angst, denn Gott ist mit ihr, er ist in ihr. In gewisser Weise können wir sagen, dass ihr Weg [...] die erste „eucharistische Prozession“ der Geschichte war. Als lebendiger Tabernakel des fleischgewordenen Gottes ist Maria die Bundeslade, in der der Herr sein Volk besucht und erlöst hat. Die Gegenwart Jesu erfüllt sie mit Heiligem Geist.

15. August 2011:
Mariä Aufnahme in den Himmel

Maria wurde mit Leib und Seele in den Himmel aufgenommen: Auch für den Leib ist in Gott Raum. Der Himmel ist für uns nicht mehr eine weit entfernte und unbekannte Sphäre. Wir haben eine Mutter im Himmel. Es ist die Mutter Gottes, die Mutter des Sohnes Gottes, sie ist unsere Mutter. Er selbst hat es gesagt. Er hat sie zu unserer Mutter gemacht, als er zu seinem Jünger und uns allen gesagt hat: „Siehe, deine Mutter!" Der Himmel steht offen, der Himmel hat ein Herz. Maria wurde mit Leib und Seele in die Herrlichkeit des Himmels aufgenommen, und mit Gott und in Gott ist sie die Königin des Himmels und der Erde. Ist sie etwa dadurch weit von uns entfernt? Das Gegenteil ist wahr. Denn gerade weil sie mit Gott und in Gott ist, ist sie jedem von uns ganz nahe. ... Sie kennt unser Herz, sie kann unsere Gebete hören, sie kann uns mit ihrer mütterlichen Güte helfen, und sie ist uns – wie der Herr gesagt hat – als „Mutter" gegeben, an die wir uns in jedem Augenblick wenden können. Sie hört uns immer, sie ist uns immer nahe, und weil sie die Mutter des Sohnes ist, hat sie Anteil an der Macht des Sohnes, an seiner Güte. Wir können immer unser ganzes Leben dieser Mutter anvertrauen, die niemandem von uns fern ist.

22. August 2011:
Maria Königin

Die Kirche stellt uns jeden Tag einen oder mehrere Heilige und Selige zur Betrachtung vor, die wir um Fürbitte anrufen oder nachahmen können. [Dieser Tag] ist der allerseligsten Jungfrau Maria Königin geweiht, ein Gedenktag, der 1954 vom Diener Gottes Pius XII. eingeführt wurde. Die vom Zweiten Vatikanischen Konzil gewünschte liturgische Erneuerung wollte ihn als Ergänzung zum Hochfest der Aufnahme Mariens in den Himmel einrichten, da diese beiden Privilegien ein einziges Geheimnis bilden. [...] Lassen wir uns von der übernatürlichen Faszination der Heiligkeit anziehen! Diese Gnade erwirke uns Maria, die Königin aller Heiligen, Mutter und Zuflucht der Sünder.

8. September 2011:
Mariä Geburt

Im Bewusstsein der wichtigen Rolle, die Maria im Leben eines jeden von uns einnimmt, feiern wir als ergebene Kinder heute das Fest ihrer Geburt. Dieses Ereignis bildet eine grundlegende Etappe für die Familie von Nazaret, die Wiege unserer Erlösung, ein Ereignis, das uns alle angeht, da jede Gabe, die Gott ihr, der Mutter, gewährt hat, er auch im Gedanken einem jeden von uns, ihren Kindern, gewährt hat. Deshalb bitten wir mit grenzenloser Dankbarkeit Maria, die Mutter des fleischgewordenen Wortes und unserer Mutter, alle irdischen Mütter zu behüten: diejenigen, die zusammen mit ihrem Mann die Kinder in einem harmonischen familiären Umfeld erziehen, sowie jene, die aus vielerlei Gründen bei einer so schwierigen Aufgabe alleine sind. Allen sei es gegeben, in Hingabe und Treue ihren täglichen Dienst in der Familie, in der Kirche und in der Gesellschaft zu tun. Allen sei die Gottesmutter Stütze, Trost und Hoffnung!

12. September 2011:
Mariä Namen

Im Kalender der Kirche steht über dem heutigen Tag der Name Maria. In ihr, die ganz eins war und ist mit dem Sohn, mit Christus, haben die Menschen in den Dunkelheiten und Leiden dieser Welt das Gesicht der Mutter gefunden, das uns Mut gibt weiterzugehen. In der abendländischen Überlieferung ist der Name Maria mit „Stern des Meeres" übersetzt worden. Darin drückt sich gerade diese Erfahrung aus: Wie oft erscheint die Geschichte, in der wir leben, wie ein dunkles Meer, das drohend seine Wellen gegen das Schiff-

lein unseres Lebens wirft. Manchmal scheint die Nacht undurchdringlich.
Oft mag es scheinen, als ob nur das Böse Macht habe und Gott unendlich weit sei. Das große Licht Jesus Christus, der den Tod und das Böse überwältigt hat, ahnen wir oft nur von ferne. Aber dann sehen wir ganz nahe das Licht, das sich entzündet hat, als Maria sagte: Siehe, ich bin eine Dienerin des Herrn. Wir sehen das helle Licht der Güte, das von ihr ausgeht. In ihrer Güte, in der sie den großen und kleinen Anliegen vieler Menschen immer wieder geholfen hat und hilft, erkennen wir auf ganz menschliche Weise die Güte Gottes selber. Mit ihrer Güte trägt sie immer wieder neu Jesus Christus und so das große Licht Gottes selbst in die Welt herein. Er hat seine Mutter uns als Mutter übergeben, damit wir von ihr das Ja erlernen, das uns gut werden lässt.

15. September 2011:
Gedächtnis der Schmerzen Mariens
Das Kreuz ist in der Tat der Ort, wo das Mitleid Gottes mit unserer Welt auf vollkommene Weise sichtbar wird. Wenn wir heute das Gedächtnis der Schmerzen Mariens feiern, betrachten wir Maria, die das Mitleid ihres Sohnes für die Sünder teilt. Die Mutter Christi ist, wie der heilige Bernhard

deutlich macht, durch ihr Mitleid in das Leiden und Sterben ihres Sohnes eingetreten. Zu Füßen des Kreuzes erfüllt sich die Prophezeiung Simeons: Ihr Mutterherz wird durchbohrt (vgl. Lk 2,35) von den Qualen, die dem Unschuldigen, ihrem leiblichen Sohn, zugefügt werden. Wie Jesus geweint hat (vgl. Joh 11,35), so hat gewiss auch Maria vor dem gemarterten Körper ihres Sohnes geweint. Ihre Zurückhaltung erlaubt uns jedoch nicht, ihren abgrundtiefen Schmerz auszuloten; diesen tiefen Kummer kann das traditionelle Symbol der sieben Schwerter nur annähernd darstellen. Wie für ihren Sohn Jesus kann man sagen, dass dieses Leiden auch sie zur Vollendung geführt hat (vgl. Hebr 2,10), um sie zur Annahme der neuen geistlichen Sendung zu befähigen, die der Sohn ihr unmittelbar, bevor er „seinen Geist aufgibt", anvertraut (vgl. Joh 19,30): zur Mutter Christi in seinen Gliedern zu werden. In dieser Stunde stellt Jesus durch die Gestalt des Lieblingsjüngers jeden seiner Jünger seiner Mutter mit den Worten vor: „Siehe, dein Sohn" (vgl. Joh 19,26-27).

8. Dezember 2011:
Ohne Erbsünde empfangene Jungfrau und Gottesmutter Maria

Heute feiern wir das Hochfest der ohne Erbsünde empfangenen Jungfrau und Gottesmutter Maria. Es ist ein Tag tiefer geistiger Freude, an dem wir die Jungfrau Maria betrachten als „vor allen Wesen groß und voll Demut, vorbestimmtes Ziel im ewigen Rate“, wie Italiens berühmter Dichter Dante singt (Paradies, XXXIII, 3). In ihr erstrahlt die ewige Güte des Schöpfers, der sie in seinem Heilsplan dazu ausersehen hat, Mutter seines eingeborenen Sohnes zu werden, und sie im Hinblick auf den Erlösertod Christi vor jedem Makel der Sünde bewahrt hat. So hat sich in der Mutter Christi und unserer Mutter die Berufung jedes Menschen vollkommen verwirklicht. Der Apostel Paulus erinnert uns daran, dass alle Menschen aufgerufen sind, heilig und untadelig zu leben vor Gott in der Liebe (vgl. Eph 1,4). Wie sollten wir, wenn wir auf die Mutter Gottes blicken, in uns, ihren Kindern, nicht die Sehnsucht nach Schönheit, Güte und Reinheit des Herzens neu erwachen lassen? Ihre himmlische Reinheit zieht uns zu Gott und hilft uns, die Versuchung eines mittelmäßigen, von Kompromissen mit dem Bösen geprägten Lebens zu überwinden, um uns entschieden auf das wahre Gut auszurichten, das Quelle der Freude ist.

26. Dezember 2011:
Fest der Heiligen Familie

Heute begehen wir den Sonntag der Heiligen Familie. Erneut können wir uns in die Hirten von Betlehem hineinversetzen, die sofort nachdem sie die Verkündigung des Engels empfangen hatten, schnell zum Stall eilten und „Maria und Josef und das Kind [fanden], das in einer Krippe lag“ (Lk 2,16). Auch wir wollen innehalten, um diese Szene zu betrachten, und über ihre Bedeutung nachdenken. Die ersten Zeugen der Geburt Christi, die Hirten, fanden nicht allein das Jesuskind vor, sondern eine kleine Familie: Mutter, Vater und das soeben geborene Kind. Gott wollte sich offenbaren, indem er in eine menschliche Familie hineingeboren wurde, und aus diesem Grund ist die menschliche Familie zur Ikone Gottes geworden! Gott ist Dreifaltigkeit, er ist Gemeinschaft der Liebe, und die Familie ist bei allem Unterschied zwischen dem göttlichen Geheimnis und seinem menschlichen Geschöpf ein Ausdruck, der das unergründliche Geheimnis Gottes widerspiegelt, der Liebe ist. Mann und Frau, die nach dem Bild Gottes geschaffen sind, werden in der Ehe „ein Fleisch“ (Gen 2,24), das heißt eine Gemeinschaft der Liebe, die neues Leben zeugt. Die menschliche Familie ist in einem gewissen Sinn durch die Liebe zwischen den Personen und durch die Fruchtbarkeit der Liebe Ikone der Dreifaltigkeit.

MARIENWALLFAHRTORTE IN DEUTSCHLAND

Altötting

Altötting ist seit mehr als 500 Jahren einer der bedeutendsten Marienwallfahrtsorte Deutschlands. Als Papst Benedikt XVI. am 11. September 2006 einen Pastoralbesuch abstattete, ehrte er ihn mit der bedeutenden Auszeichnung „Goldene Rose".
Die aus Lindenholz geschnitzte frühgotische „Schwarze Madonna", die durch Kerzenrauch geschwärzt wurde, kam um 1330 aus Burgund nach Altötting. Im Jahr 1489 soll sie ein Kind, das in einen Bach gestürzt und für tot erklärt worden war, in der Kapelle wieder das Leben geschenkt haben.
Der 1. Mai als Marienfesttag „Patrona Bavariae" – Maria als Schutzfrau Bayerns – ist der feierliche Auftakt zum Wallfahrtsjahr in Altötting. Weitere Höhepunkte sind das dreitägige Pfingstfest, an dem zahlreiche Fußpilgergruppen teilnehmen, die große Fronleichnamsprozession und der Festtag Mariä Himmelfahrt am 15. August mit einer beeindruckenden Lichterprozession am Vorabend.

Gottesdienste
Sonntags 10 Uhr Hochamt
von Mai bis Oktober:
Montag bis Samstag 11 Uhr Pilgermesse
Herz-Jesu-Freitag Krankenmesse und Krankensegen

Kontakt
Wallfahrts- und Verkehrsbüro
Tel. 08671/5062-19 / -38, Fax: 08671/85858
info@altoetting-touristinfo.de
www.altoetting.de

Kevelaer

Im Jahr1641 hörte der Händler Hendrick Busman auf seiner täglichen Reise dreimal den Anruf: „An dieser Stelle sollst du mir ein Kapellchen bauen!" Ohne zu zögern, führte er diesen Auftrag aus. Einige Monate später sah seine Frau Mechel Schrouse in einem hellen Licht ein Heiligenhäuschen mit einem Bildchen der Gottesmutter, das ihr zuvor zum Kauf angeboten worden war. Der Pfarrer von Kevelaer, Johannes Schink, setzte es in das Kapellchen ein, das ihr Ehemann hatte bauen lassen.
Heute besuchen mehr als 800.000 Menschen jedes Jahr den Wallfahrtsort Kevelaer. Die Pilgerzeit beginnt mit der feierlichen Öffnung des Pilgerportals am 1. Mai und geht bis zum 1. November.
In besonderer Weise wird in der Marienbasilika, die eine der größten Orgeln Europas beheimatet, die Kirchenmusik gefördert. Die hauptamtlichen Kirchenmusiker und die ehrenamtlichen Ensembles gestalten die Gottesdienste an jedem Sonntag und in der Wallfahrtszeit auch an Werktagen. Darüber hinaus können Konzerte im Rahmen der Reihe der Basilikakonzerte

besucht werden. Eine außergewöhnliche Wallfahrt findet jedes Jahr im Juli statt: Die Motorrad-Wallfahrt, an der alljährlich Tausende Biker teilnehmen.

Gottesdienste
Täglich von Mai bis Oktober:
10.00 Uhr Pilgerhochamt in der Basilika
15.00 Uhr Pilgerandacht mit Segnung der Andachtsgegenstände
18.00 Uhr Marienvesper in der Kerzenkapelle
Samstags 21.30 Uhr (Sep./Okt. 20.30 Uhr) Lichterprozession

Kontakt
Dr. Rainer Killich
Generalsekretär der Wallfahrt
Tel.: 02832/93380
www.wallfahrt-kevelaer.de

Maria Lindenberg

Maria Lindenberg ist eine Wallfahrtskapelle auf einem Höhenrücken im Schwarzwald, mit einem Panoramablick bis hin zu den Vogesen. Der Ursprung der Wallfahrt liegt im Jahr 1497, als der Bauer Pantaleon Mayer aus Dank für eine Gebetserhörung ein Bildstöckchen errichtete. Beim Bau der Holzkapelle für das Bildstöckchen ereignete sich ein zweites Wunder: Der Bauer Hans Zäringer wandte sich in seiner Not an

Maria auf dem Lindenberg und erhielt zum Trost von ihr ein kleines Holzkreuz aus den umherliegenden Holzspänen.
Die Wallfahrtskirche aus dem 19. Jahrhundert ist nur wenig ausgeschmückt. Diese Konzentration auf das Gnadenbild der Muttergottes mit dem Jesuskind führt zu Sammlung und Gebet. Einzigartig ist die seit 1955 bestehende Eucharistische Anbetung in der Wallfahrtskirche. Das ganze Jahr über beten bei Tag und Nacht Männer aus dem Erzbistum Freiburg vor dem ausgesetzten Allerheiligsten für den Frieden und die Erneuerung der Kirche im Heiligen Geist.
Hervorzuheben ist das Hochfest „Mariä Aufnahme mit Leib und Seele in den Himmel“ am 15. August: Bei den feierlichen Gottesdiensten um 15 und 20 Uhr findet eine Kräuterweihe statt.
Abends schließt sich eine Lichterprozession an. Weitere Höhepunkte sind sie die feierliche Eröffnung des Marienmonats Mai und das Ursprungsfest der Wallfahrt Maria Lindenberg am 26. September.

Gottesdienste
Täglich 15.00 Uhr

Kontakt
Wallfahrtsrektor: Dr. Bernhard R. Kraus
Tel.: 07661/3446
Fax: 07661/982183
E-Mail: maria-lindenberg@t-online.de

Mariazell

In Maria Zell wird die Magna Mater Austriae, die große Mutter Österreichs, verehrt. Der Legende nach war der Mönch Magnus im Jahre 1157 auf dem Weg zu den Menschen in der Mariazeller Gegend. Zu seinem Schutz führte er eine aus Lindenholz geschnitzte Marienstatue mit sich. Als ihm ein Felsblock den Weg versperrte, bat der Mönch die Mutter Gottes um Hilfe. Augenblicklich spaltete sich der Fels. An seinem Zielort baute er ihr zum Dank eine kleine Kapelle, eine „Zelle", die ihm gleichzeitig Schutz bieten sollte.
Heute besuchen über eine Million Gläubige jährlich Mariazell. Sowohl Johannes Paul II., 1983, als auch Benedikt XVI., 2007, zählten zu den Pilgern. Dem Wallfahrtsort wurde im September 2007 von Papst Benedikt XVI. die Goldene Rose verliehen.
Pilgerwege nach Mariezell, die sich aus mehreren traditionellen Wallfahrerwegen zusammensetzen, verlaufen durch Wien, Niederösterreich, dem Burgenland, Oberösterreich, Salzburg, Kärnten und die Steiermark. Viele Besucher kommen mit ihrem privaten Fahrzeug nach Mariazell, dieses kann von Mai bis Oktober samstags 14 Uhr gesegnet werden.

Gottesdienste
Sonntag: 10.00 Uhr
Maiandacht: täglich 20.00 Uhr (außer samstags)
Lichterprozession:
1. Mai bis 31. August samstags 20.30 Uhr,

1. September bis 26. Oktober samstags 20.00 Uhr, 14. August 20.30 Uhr, 7. September 20.00 Uhr

Kontakt
Basilika Mariazell
Benediktiner - Superiorat
Tel.: +43(0)3882/2595-0; Fax: +43(0)3882/2595-20
E-Mail: office@basilika-mariazell.at

Marienthal

Vertrauensvoll wandte sich der Jäger Hecker Henn, der durch einen Unfall sein Augenlicht verloren hatte, im Jahr 1309 an die Gottesmutter. Als er eines Tages zu einem kleinen Marienbild betete, konnte er plötzlich wieder sehen. Sein Junker, Hans Schaffrait, der dieses Wunder sah, ließ daraufhin für das Marienbild eine Kapelle bauen. Es ereigneten sich an diesem Ort immer neue Heilungen, so dass 1826 mit dem Bau einer Kirche begonnen wurde.
Heute hat der Franziskanerorden die Verantwortung für den Wallfahrtsort. Bei einem Rundgang durch die schön gestalteten Wallfahrtsanlagen kann man die Stille genießen und zur Ruhe kommen. An den Marienfesttagen stellt die Laienspielgruppe „Stella maris" Szenen aus dem Evangelium dar. Marienthal ist ein Wallfahrtsort, den man auch leicht zu Fuß auf gut ausgebauten Wegen durch den Rheingau erreichen kann. Bei der Eröffnung und dem Abschluss der Wallfahrts-

zeit, am 1. Mai beziehungsweise am 10. Oktober, sowie an den Marienfesttagen finden Prozessionen mit dem Gnadenbild statt. Ein weiterer Höhepunkt ist die Marienthaler Festwoche Anfang September.

Gottesdienste
Täglich: 10.30 Uhr Hl. Messe
Sonntag, Dienstag und Donnerstag: 14.30 Pilgerandacht

Kontakt
Franziskanerkloster Marienthal
65366 Geisenheim
Tel.: 06722/9958–0
Fax: 06722/9958-13
E-Mail:
info@franziskaner-marienthal.de

Maria Vesperbild

Am Anfang der Wallfahrt steht kein Wunder, sondern die tiefe Dankbarkeit für das Ende des Dreißigjährigen Krieges. 1650 wurde daher zur Ehren Marias im schwäbischen Ziemetshausen auf freiem Feld eine Kapelle und 1725 die erste Wallfahrtskirche errichtet. Das Gnadenbild, ein Schnitzwerk aus dem 16. Jahrhundert, zeigt die Mutter Gottes, wie sie ihren toten Sohn in den Armen hält.
Seit 1958 suchen Pilger darüber hinaus auch Hilfe bei

der lieben Frau von Fatima, an die eine Holzfigur im nahegelegenen Wald erinnert. Ein Kreuzweg führt zu der Fatimagrotte, an der sich zahlreiche Pilger mit Votivtafeln und Kerzen für den Beistand der Gottesmutter bedanken.
Am 15. August findet in der barocken Kirche eine Eucharistiefeier zum „Hochfest der Aufnahme Mariens in den Himmel" statt. An den Messen mit der traditionellen Kräuterweihe kann um 7.30, 8.30 oder 10.15 Uhr teilgenommen werden. Das Pontifikalamt mit anschließender Lichterprozession wird um 19 Uhr gefeiert.

Gottesdienste
Sonntag: 10.15 Uhr Hl. Messe
Fatimapilgertage: am 13. eines jeden Monats 9.20 Uhr Pilgermesse,
10.20 Uhr Krankensegen, Segnung von Andachtsgegenständen
Maiandachten: donnerstags, samstags und sonntags um 18.55 Uhr

Kontakt
Wallfahrtsdirektion Maria Vesperbild
Tel.: 08284/8038
Fax: 08284/8358
E-Mail: wallfahrtsdirektion@maria-vesperbild.de

Werl

Seit fast 350 Jahren pilgern Gläubige zu der 800 Jahre alten Madonna in der Wallfahrtsbasilika Mariä Heimsuchung in Werl. Heutzutage kommen jährlich rund 200.000 Menschen in den größten Marienwallfahrtsort Westfalens.
Das Gnadenbild aus dem 12. Jahrhundert, das wahrscheinlich in Schweden gefertigt wurde und byzantinische Einflüsse aufweist, gehört zu den kostbarsten Madonnen-Kunstwerken in Europa. Bei der „Trösterin der Betrübten" handelt es sich um eine romanische Ringpfostenstuhl-Madonna. Im Werler Mirakelbuch von 1661-1863 sind die vielen Wunderheilungen, die sich an diesem Ort ereignet haben sollen, bezeugt.
Eröffnet wird die Pilgersaison am 1. Mai mit Festhochamt und Maiandacht, der sich eine Lichterprozession anschließt. Ein Höhepunkt ist das Patronatsfest am 3. Juli mit die Lichterprozession und die Stadtprozession. Mit einem Pontifikalamt wird die Pilgersaison am 1.11. abgeschlossen.

Kontakt
P. Ralf Preker, OFM
Wallfahrtsleiter und Guardian
Tel.: 02922/982-116; Fax: 02922/982 -144
E-mail: info@wallfahrt-werl.de

Quellenverzeichnis

Alle Texte von Benedikt XVI. © Libreria Editrice Vaticana, Çittá del Vaticano

1.1. Lubich, Chiara, Maria. Mutter – Schwester – Vorbild, © Verlag Neue Stadt, München 2010 (erweiterte Neuausgabe), 52-56.
6.1. Wothe, Franz Josef, Sei gegrüßt, Du unsere Hoffnung. Ein Hildesheimer Marienbuch. Hrsg. Bistum Hildesheim. Bernward-Verlag, 1982, S. 211f.
2.2. Meisner, Kardinal Joachim, Predigt zum „Fest Mariä Lichtmess", Köln, 2.2.2007.
25.3. Lehmann, Kardinal Karl, Die Stille suchen. Gedanken zu Advent und Weihnachten. St. Benno-Verlag 2004, S.12.
22./23.4. Eberts, Gerhard, Aus: Marienandachten mit dem Gotteslob. Zusammengestellt von P. Gerhard Eberts MSF. Paul Pattloch Verlag, Aschaffenburg, 1986. Rechte liegen beim Autor.
Mai
Einleitung: Grothues, Dirk, www.kirchenseite.de
Impulstexte: Pemsel-Maier, Sabine, Rechte liegen bei der Autorin
12.6. Meisner, Kardinal Joachim, Predigt beim Gebetstag zu Ehren Mariens, Mutter aller Völker, am Hohen Pfingstfest, 31.5.2009.
2.7. Eckholt, Margit, Verheißung. Lukas 1,46-56. Aus: Reiss mich in deine Zukunft. Mit Frauen der Bibel beten. Hrsg. von Benedikta Hintersberger, Stefanie Spendel. Don Bosco Verlag München, 1997, S. 170-172.
16.7. Schick, Erzbischof Dr. Ludwig, Ansprache am Hochfest Unserer Lieben Frau auf dem Berge Karmel, 16.7.2005.
15.8. Hanke, Bischof Dr. Gregor Maria, Predigt am Hochfest „Mariä Aufnahme in den Himmel", Eichstätt, 15.8.2009.
22.8. Engel, Ulrich, Predigt zum Fest Maria Königin, 22.8.2009.
8./15.9. Küster, Sr. M. Katharina, OSF, Du bist eine von uns, Maria – drei Marienfeste im September, www.erzbistum-freiburg.de
12.9. Moormann, Sr. Judith, OP, Rechte liegen bei der Autorin.

Oktober

Einleitung: Perisset, Dr. Jean-Claude, Interview mit Benjamin Greschner (www.kathnews.de), 30.10.2009

1.11. Maria und die Heiligen. Lektion 21., Herausgegeben von der Katholischen Glaubensinformation (kgi), S. 5, 8-11.

8.12. Gebet: Courth, Franz, Sei gegrüßt, du unversehrte Mutter. Erschienen in: Maria. Der liturgische Wochenkalender 2006, St. Benno-Verlag GmbH, Leipzig. © Pater Franz Courth SAC, Provinzialat der Pallottiner, Friedberg

Impuls: Schwarz, Bischof Dr. Alois, Predigt am Hochfest der ohne Erbsünde empfangenen Jungfrau und Gottesmutter Maria, Klagenfurt, 8.12.2008.

24./25.12. Monika Eyll-Naton, Rechte liegen bei der Autorin

30.12. Löwenstein, Pater Martin SJ, Predigt zum Fest der Heiligen Familie, Pfarrei Rickenbach/Schwarzwald, 31.12.1995, www.Martin-Loewenstein.de.

Autoren

Benedikt XVI., geb.1927, seit 2005 Oberhaupt der kath. Kirche

Courth, Franz SAC, 1940-1998, 1963 Eintritt bei den Pallottinern, 1969 Priesterweihe

Eberts, Gerhard MSF, geb.1938 in Welschen Ennest, Missionar von der Heiligen Familie, Journalist und Autor

Eckholt, Prof. Dr. Margot, geb. 1960 in Mülheim an der Ruhr, seit 2009 Professorin für Katholische Theologie an der Universität Osnabrück

Engel, Ulrich, geb.1950, 1984 Priesterweihe, seit 1990 Pfarrer von Rodgau-Weiskirchen und Hainhausen bei Offenbach am Main

Eyll-Naton, Monika, geb.1965 in Kevelaer, seit 1999 Pastoralreferentin in St. Martin Veert, Ehe-, Familien- und Lebensberaterin

Grothues, Dirk, 1928-2005, 1955 Priesterweihe in Münster

Hanke, Dr. Gregor Maria OSB, geb.1954 in Elbersroth/Herrieden bei Ansbach, seit 2006 Bischof von Eichstätt

Küster, Sr. M. Katharina OSF, geb.1972, 1994 Eintritt bei den Franziskanerinnen von Sießen, seit 2010 Gemeindereferentin in Bad Mergentheim

Lehmann, Dr. Karl, geb. 1936, 1963 Priesterweihe, 1983 Bischofsweihe, 1987–2008 Vorsitzender der Deutschen Bischofskonferenz, 2001 Kardinal

Löwenstein, Martin, geb.1961, seit 1980 im Jesuitenorden, seit 2001 Hochschulpfarrer der Katholischen Hochschulgemeinde an der Universität Frankfurt

Lubich, Chiara, 1920-2008, Gründerin der Fokolar-Bewegung

Meisner, Dr. Joachim, geb. 1933, 1983 Kardinal, seit 1989 Erzbischof von Köln

Moormann, Sr. Judith OSF, geb. 1964 in Recklinghausen, 1983 Eintritt bei den Dominikanerinnen von Bethanien, heute tätig im Kinderdorf Schwalmtal-Waldniel

Pemsel-Maier, Prof. Dr. Sabine, geb.1962, seit 2006 Professorin für Katholische Theologie und Religionspädagogik an der Pädagogischen Hochschule Karlsruhe

Périsset, Dr. Jean-Claude, geb. 1939 in Estavayer-le-Lac (Schweiz), 1964 Priesterweihe, seit 2007 Apostolischer Nuntius in Deutschland

Schick, Dr. Ludwig, geb. 1949 in Marburg, 1975 Priesterweihe, seit 2002 Erzbischof von Bamberg

Schwarz, Dr. Alois, geb.1952 in Hollenthon/Niederösterreich, Priesterweihe 1976, seit 2001 Bischof der Diözese Gurk

Wothe, Prof. Dr. Franz Josef, 1910–1994, 1940 Priesterweihe, Visitator der Danziger Katholiken

Immer schön ins Zentrum!

Dort finden Sie
unsere Buchhandlungen,
denn wir wollen
uns ja nicht verstecken.

Für Sie dazusein, ist unsere Aufgabe.

Vom Messbuch bis zum Andachtsbildchen –
Wir helfen Ihnen weiter. Besuchen Sie uns!
Rufen Sie uns an, oder schreiben Sie uns!

Buchhandlung Sonnenhaus
Oranienburger Straße 32, 10117 Berlin
(in den Heckmann Höfen)
☎ (0 30) 28 09 85 23, Fax 28 09 85 24
sonnenhaus@gmx.de, www.buchhandlung-sonnenhaus.de

Buchhandlung Molsberger
Steinweg 50/51, 06110 Halle
☎ (03 45) 2 02 86 83, Fax 2 90 09 70
molsberger-buchhandlung@t-online.de

Kirchenladen am Dom
Domplatz 25, 99084 Erfurt
☎ (03 61) 2 11 91 19, Fax 2 11 91 35
kirchenladen@gmx.de, www.kirchenladen-erfurt.de

St.-Benno-Buchhandlung
Schloßstraße 24, 01067 Dresden
☎ (03 51) 4 90 38 54/55, Fax 4 90 38 56
info@bennobuchhandlung.de, www.bennobuchhandlung.de

Ökumenischer Domladen e. V.
An den Fleischbänken 5, 02625 Bautzen
☎ (0 35 91) 59 41 84, Fax 59 41 83
info@domladen-bautzen.de, www.domladen-bautzen.de

KLOSTER HELFTA

Seit 1999 leben hier wieder Cistercienserinnen und singen täglich siebenmal das Gotteslob.

Im 13. Jahrhundert war das Kloster berühmt aufgrund der drei großen Mystikerinnen Gertrud die Große, Mechthild von Hackeborn und Mechthild von Magdeburg. Das Kloster galt als „Krone der deutschen Frauenklöster".

Heute sind Sie als Einzelgast oder als Gruppe herzlich willkommen im Bildungs- und Exerzitienhaus! Das Kursprogramm wird Ihnen auf Anfrage gerne zugesandt. Der Klosterladen und das Museum sowie wechselnde Ausstellungen im Liboriushaus laden den Besucher zum Verweilen ein. Im Teichgarten erwartet ein lebendiges Labyrinth aus heimischen Pflanzen die Gäste.

Kloster Helfta gehört zur „Straße der Romanik. Viele lohnenswerte Ausflugsziele sind von hier aus gut erreichbar.

Lindenstraße 36 • 06295 Lutherstadt Eisleben
Telefon 03475 711 400 • Fax 03475 711 444
gaestehaus@kloster-helfta.de • www.kloster-helfta.de

ST. JOHANNES-HAUS · COTTBUS ·

Tagungs- und Erholungsstätte

ST. JOHANNES-HAUS

Adolph-Kolping-Str. 16
03046 Cottbus
Tel. 0355 380660 • Fax 0355 380668
www.st-johannes-haus.de
leitung@st-johannes-haus.de

Kommen Sie in das modernisierte und behindertenfreundliche St. Johannes-Haus. Sehenswerte Ausflugsziele warten auf Sie in Cottbus und Umgebung.

VOGTLÄNDISCHER ORGELBAU

THOMAS WOLF

ORGELBAUMEISTER

NEUBAU
RESTAURIERUNG
WARTUNG
STIMMUNG
TRUHENPOSITIV-VERLEIH

LICHTENWALDE
Schlosskapelle
J. Chr. G. Donati - Orgel
erbaut 1741
technische Restaurierung 2009

Herlasgrüner Straße 9A • 08491 LIMBACH/ V. • Fon 03765/380630 • Fax 03765/380774
E-Mail buero@vogtlaendischer-orgelbau.de • Home www.vogtlaendischer-orgelbau.de

DAS KATHOLISCHE ORGELBAUUNTERNEHMEN AUS DEM VOGTLAND

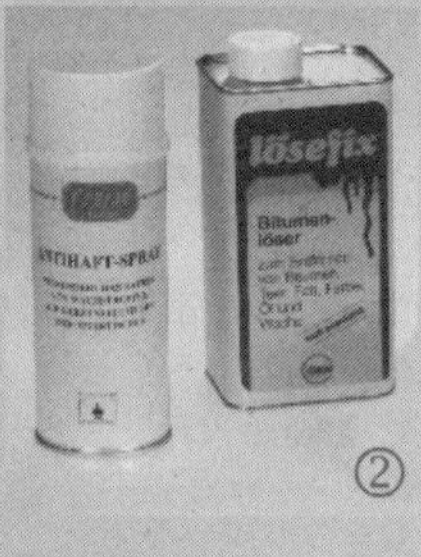

CERION
Kerzen

Auszug aus
unserem Lieferprogramm:

① Rußarme Flüssigwachs-Opferkerzen „Cera-Nova" einfach - handlich - sauber.

② Antihaftspray verhindert das Haften von Wachstropfen; Lösefix löst fix alle Wachsflecken.

③ Dauerkerzen mit Flüssigwachseinsatz „Ewigbrenner" garantieren ein sauberes, rußarmes und tropffreies Abbrennen.

Gratis-Katalog anfordern !

„Kerzen und kirchlicher Bedarf"

Unser Servicepaket:

- Kostenlose Opfertische
- Eigener Lieferservice
- Rücknahme von Tropfwachs und Leergut
- Beratung vor Ort

CERION WACHSWAREN GMBH
Heidelandstraße 37, D-15898 Neuzelle-Henzendorf
Telefon 033656/41147, Telefax 033656/41148
www.cerion.de, mail@cerion.de

Bernhard Zachariä GmbH
Turmuhrenfabrik Leipzig
Heiterblickstraße 42
04347 Leipzig
Gewerbepark Nordost
Ruf: (0341) 2 44 65 - 0
Fax. (0341) 2 44 65 - 19
www.bernhard-zacharia.com
bernhard_zacharia_gmbh@t-online.de
ZACHARIÄ
TURMUHREN
gegründet 1808
Fassadenuhren
Glockenläuteanlagen
Glockenspiele
Zeitdienstsysteme
Zeiterfassungssysteme

Ralf Klumpp
Hostienbäckerei
Unser Sortiment beinhaltet:
• Brothostien
• Oblatenhostien + Bild
• Konzelebrationshostien
• glutenfreie Hostien
...und noch viel mehr.
Wir, die Hostienbäckerei Klumpp, sind ein Familienunternehmen in der 3. Generation.
Gartenstraße 16
88416 Ochsenhausen
Fon 07352 - 8258
Fax 07352 - 2483
info@klumpp-hostien.de
www.klumpp-hostien.de

Kirchen
Laden
am Dom

Inh. Ute Banse

Domplatz 25, 99084 Erfurt
Tel. 0361 / 2 11 91 19

Nach Ihren Wünschen gestalten und beschriften wir festliche Kerzen zu jeder Gelegenheit.

Altarkerzen, Festtagskerzen, passende Leuchter, Kerzenverziermaterial.
Christliche Literatur, Kalender und Karten, christliche Kunst und Devotionalien.
Klassische und moderne geistliche Musik.

Ganzjährig zahlreiche Weihnachtskrippen mit Nachkaufgarantie für 5 Jahre

Öffnungszeiten:
Montag-Samstag 9.00 - 18.00 Uhr

Unsere Kirche.
Unsere Zeitung.

TAG DES HERRN

Katholische Wochenzeitung der Bistümer Dresden-Meißen, Erfurt, Görlitz und Magdeburg

Jetzt
kostenlos & unverbindlich
kennenlernen!

Gern erhalten Sie, Ihre Verwandten, Freunde oder Gemeindemitglieder den TAG DES HERRN zum Kennenlernen.
Rufen Sie an (0341) 46 777 -12 oder -13
oder im Internet unter www.tag-des-herrn.de

Orgelhaus im Stiftland

DER SPEZIALIST FÜR SAKRALORGELN

Besuchen Sie Bayerns großes Fachunternehmen für digitale Kirchenorgeln - Wir beraten Sie gerne!

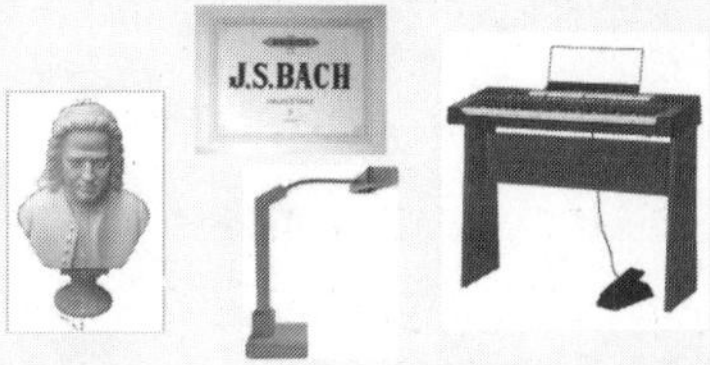

Wir führen digitale Kirchenorgeln von verschiedenen Herstellern, sowie: Noten, Fachliteratur, CD's, Zubehör für Organisten, ...

95666 Leonberg (Bayern) Pfaffenreuth 21 home: www.orgelhaus.de
Tel: 0 96 32 / 84 09 880 Fax: 84 09 881 mail: info@orgelhaus.de

Maria Hilbrich

Fachbetrieb für Kirchenmalerei,
Restaurierung und Denkmalpflege

Meisterbetrieb
im Maler- und Lackiererhandwerk

* Kirchenmalerei
* Vergolderarbeiten
* Bodenbelagsarbeiten
* Denkmalpflegerische Arbeiten
* Kreative Gestaltungstechniken
* Fachliche Farb- und Stilberatung
* Verkauf von Farben, Tapeten,
  Bodenbelägen und Zubehör
* Ausführung sämtlicher
  Maler- und Lackiererarbeiten
* Tapezierarbeiten von einfachen
  bis hochwertigen Wandbelägen

Decke, Boden, Wand – alles aus einer Hand!

Maria Hilbrich
Malermeisterin / Restauratorin

Herrenstraße 7
04936 Schlieben
Telefon & Fax
035361 / 89709
Funk 0171 / 3508481